Richard Fehr

Betrachtungen eines Ruheständlers

Fehr, Richard
Betrachtungen eines Ruheständlers
– 1. Aufl. – 2010
Herstellung und Verlag:
Books on Demand GmbH, Norderstedt (www.bod.de)
ISBN: 978-3-839-15312-3

Richard Fehr

Betrachtungen eines Ruheständlers

Im Ruhestand fand ich endlich die Zeit und auch den Mut, selbständig online zu gehen und im Internet gewisse Foren kennenzulernen.

Zu spät? Kaum!

Denn manches ist wirklich interessant, manches amüsant, manches trägt sogar einen Kern Wahrheit in sich. Manches ist aber auch einfach Polemik oder grenzt gar an bösartige Verleumdung!

So lasse ich meinem Bildband „Erinnerungen“ dieses kleine Werk folgen, um manchen Mitgliedern der Neuapostolischen Kirche, aber auch Interessierten, die sich (noch?) nicht zum neuapostolischen Glauben bekennen, ein paar Einblicke in mein Leben und Denken jenseits meiner offiziellen Mission als Kirchenoberhaupt zu gewähren.

Ich gehe davon aus, dass es Menschen geben wird, die an meinen Ausführungen kein gutes Haar lassen werden. „Wer im Glashaus sitzt, sollte nicht mit Steinen werfen“, sagt ein geflügeltes Wort. Manche haben mich gewarnt, dieses Werk zu veröffentlichen. Nun – ich gedenke nicht „mit Steinen“ zu werfen. Und im Hinblick auf das „Glashaus“ sei mir die Bemerkung gestattet: ich „sass“ drin...

Für den Inhalt, die Gestaltung und die Finanzierung dieses Buches trage und übernehme ich die volle Verantwortung. Sein Inhalt wurde auch nicht mit der Kirchenleitung der Neuapostolischen Kirche International abgestimmt. Die „offizielle“ Kirche hat damit also nichts zu tun!

Ich danke ein paar ungenannten Freunden, die mich in diesem Projekt unterstützt und etliche Passagen gelesen haben für ihre konstruktiven Hinweise und ihre Ermunterung, das Werk erscheinen zu lassen.

Ein paar Abschnitte entstammen der Feder von Kirchendienern, mit denen ich etliche Jahre gemeinsam arbeiten durfte. Sie haben einen Abdruck ausdrücklich bewilligt.

Für Leserinnen und Leser, die nicht Mitglied der Neuapostolischen Kirche sind, wurde ein kurzer Anhang über das Wesen und die Organisation der Neuapostolischen Kirche ab Seite 197 angefügt. Dieser kurze Abriss möge so viel Hintergrundinformation bieten, dass das Buch auch für sie in jeder Hinsicht verständlich wird. Sollte es ihnen nach der Lektüre gehen, wie denen, die in Rom zu Paulus sagten: „Doch wollen wir von Dir hören, was du denkst, denn von dieser Sekte ist uns bekannt, dass ihr an allen Enden widersprochen wird“(Apostelgeschichte 28, 22), besuchen Sie einfach mal einen Gottesdienst in einer neuapostolischen Kirchgemeinde Ihrer Nähe! Es wird mich freuen.

Zürich, im Mai 2010 *Richard Fehr*

INHALT

Richard Fehr

Betrachtungen

Richard Fehr

Anfänge

Ich wurde, kurz bevor der Zweite Weltkrieg ausbrach, in einem kleinen Bauerndorf geboren. In diesem Flecken, der damals etwa 700 Seelen zählte, dachte ich schon als zwölfjähriger Junge, der sich vor allem für Geschichte und Geografie interessierte: *„Ist und bleibt dies deine Welt? Bist du hier geboren, um hier nach Mühe und Arbeit eines Tages auch zu sterben? Ist das dein Schicksal?“*

Oft sass ich sinnend am Ufer der Thur, einem Fluss, der ganz in der Nähe in den Rhein mündet, und sah dem fliessenden Wasser zu. Gerne wäre ich mitgezogen in ferne Gegenden und Länder.

Oft sass ich auf einem der sanften Hügel meiner Heimat und schaute zum Horizont und zu weiteren Hügeln und Bergen, mit der Frage, was wohl dahinter für Geheimnisse seien: Andere Menschen, Kulturen und Rassen, mit jahrtausende alten Geschichten und Schicksalen. Sollte ich dies alles nur aus Büchern lernen? Oder war es mir vergönnt, selbst einmal einen Blick in diese Weiten zu werfen?

Träumerei eines kleinen Jungen, wie viele Tausende andere auch?

Nun, eine „höhere Fügung“ ergab, dass ich in meinem Leben über einhundert Mal um den Globus reiste und vieles erlebte. Dann kam die Zeit des Ruhestandes, der allgemein als „wohlverdient“ bezeichnet wird, den ich aber auch ausdrücklich wünschte. Und damit wurde die Welt wieder etwas kleiner!

Darüber bin ich keineswegs unglücklich, nein, sogar dankbar, denn ich schaue auf ein erfülltes Leben zurück. Dies vor allem auch im Hinblick auf die langjährige Tätigkeit in „meiner“ Kirche, die meinem Leben einen so tiefen Sinn und eine grossartige Zukunft gab und gibt.

Wenn ich heute in meiner „Schreibstube“ sitze, so hängt vor mir an der Wand ein Ölgemälde meines kleinen Dorfes, das mir ein begabter Maler, der auch aus jener Gegend stammt und ebenfalls als Amtsträger in unserer Kirche wirkte, zu einem Geburtstag überreichte. Nebenan hängt eine Weltkarte, gespickt mit Stecknadeln an all den Orten der Erde, in denen ich einmal oder mehrmals weilte. Dann gehen viele Gedanken zurück, in alle Winkel der Welt, aber auch in die Zukunft.

Dabei entstand ein Gedanke, der wohl eine gewisse Wahrheit enthält:

„Wenn man jung ist, träumt man vom grossen und abwechslungsreichen Leben, von der grossen und weiten Welt!

Und wenn man alt wird, lebt man oft nur noch von den erlebten und durchlebten Träumen.

Aber auch im Alter sollte man von der Zukunft träumen und neue Ideen entwickeln. Keinesfalls sollte man stecken- und stehenbleiben. Denn die Zukunft bringt das Grösste!"

Ich hörte mal einen guten Ausspruch: *„Wann ist ein Mensch wirklich alt? Wenn er nur noch in der Vergangenheit lebt und von der Vergangenheit redet! Wann ist er dies noch nicht? Wenn er noch immer Pläne entwickelt für die Zukunft!"*

Ich träume nicht nur von der Zukunft. Ich glaube fest an sie, denn sie bringt uns Gott, den Herrn mit seinem Lohn, gemäss seiner Verheissung!

Wenn ich im Ruhestand noch Bücher schreibe, so geschieht dies nicht aus Langeweile oder weil ich mich wieder ins Rampenlicht stellen will – sondern weil das Herz immer noch für den erlebten Glauben und die Mitglieder unserer Kirche schlägt. Und auch, weil Hunderte Erlebnisse weiter leben und viele Gedanken über den Fortgang und die Vollendung des Werkes Gottes die Seele durchziehen und erfüllen. Es ist also keine Schreibwut, sondern vielmehr nach wie vor meine Begeisterung für eine grosse, ja die grösste Sache!

Keine „heilige Inquisition" wie im dunklen Mittelalter regiert oder tyrannisiert die Welt von heute. Gott sei es gedankt! Gutenbergs Erfindung der beweglichen Lettern und der Buchdruckerkunst veränderte damals die Welt wie kaum eine Erfindung zuvor. Und in unserer Zeit revolutionierte der Computer abermals die Welt. Darum regieren, tyrannisieren oder manipulieren die drei WWW, das World-Wide-Web, heute vielleicht allzu stark unsere Welt. Oder wollen diese schlicht und einfach informieren? Wohl von allem etwas!

Das Internet ist eine geniale Erfindung. Aber auch diese kann wie manche andere Erfindung zuvor zügellos genutzt oder gar missbraucht werden. Fiktives wird mit Realem vermischt oder gar verwechselt. Auch darum, weil mancher sich selbst als den Nabel der Welt und im Besitz der alleinigen Wahrheit sieht und einen unglaublichen Drang empfindet, dies mitzuteilen.

„*Warum gibt's du dann hier auch noch deinen Kommentar dazu?*“ höre ich jetzt viele Stimmen. Oder „*Wer Wind sät, wird Sturm ernten*“, „*Wie man in den Wald hineinruft, so tönt es heraus*“, und wie die Sprichwörter alle lauten.

Ich nehme das Risiko, missverstanden oder wegen meiner Äusserungen in diesem Buch gar angefeindet zu werden, bewusst auf mich, weil ich denke, ein paar Dinge, die gesagt sein sollen, heute im Ruhestand sagen zu dürfen, ja sagen zu müssen.

Zum Beispiel: „*Was waren denn zu allen Zeiten der Menschheit die Hauptübel, die immer wieder unendliche Tragödien, ja Mord und Krieg heraufbeschworen haben?*“ – Es begann laut Bericht der Bibel bei Kain und Abel. Man kann mit wenigen Begriffen alles zeitlos zusammenfassen:

- Gier nach Macht, Einfluss und Geld
- Religiöser Wahn und Fanatismus
- Neid, der bekanntlich die Wurzel allen Übels ist
- Überbordender Sex
- Hass und Eifersucht

Dies sind Begriffe, die die Weltgeschichte prägten und immer noch prägen. Und dies nicht nur als Sujets in unzähligen Büchern, Dramen und Filmen…

Erste Schritte

Meine „ersten Schritte“ zum Altar. – Auch ich erlebte, wie wohl viele andere vor und nach mir auch, als neu ordinierter Unterdiakon eine Überraschung. Man musste damals damit rechnen, kurz nach der Amtseinsetzung im Gottesdienst zum „Mitdienen“ gerufen zu werden – also einen Predigtbeitrag zu leisten. So nahm ich mir zwei oder drei Sätze vor, um im Falle eines Falles nicht vor der berühmten „weissen Wand“ zu stehen oder neudeutsch: „ein Blackout zu erleiden“, was wohl jeder Amtsträger in der Neuapostolischen Kirche kennt.

Als der gefürchtete Moment erstmals kam schritt ich nach dem Lied des Chores, bei dem ich natürlich noch mitsingen musste, nach vorn. Die „gelernten“ Sätze schwirrten mir im Kopf herum, drehten und verdrehten sich, und am Altar war einfach alles weg! Ich stammelte also nur noch den bekannten Gesangbuchtext: *„Nichts hab' ich zu bringen, alles Herr bist du!“*

Diese meine allerersten ganz spontanen Worte am Altar wurden für mich zum Leitsatz bis zu meiner Ruhesetzung als Stammapostel. Natürlich bewegen sich vor dem Gottesdienst im Herzen und im Kopf einige Hauptgedanken – ein sogenanntes Skelett. Aber immer noch ist es aus meiner Erfahrung so, dass das „Fleisch um den Knochen“ während des Dienens aus dem Heiligen Geist spontan geboren werden soll und kann. Ein Fundus an biblischem Wissen muss aber zuvor schon vorhanden sein. Wie sagte Stammapostel Schmidt (Kirchenoberhaupt von 1960-1975) schon zu seiner Zeit: *„Der Heilige Geist kann nur Bibelstellen erwecken, die sich in unserem Gedächtnis festgesetzt haben“!* Auch und gerade heute in einer Zeit, wo die Beschäftigung mit der Bibel und der biblischen Geschichte im Schwinden begriffen ist, sei Amtsträgern und Mitgliedern geraten, in der Heiligen Schrift zu lesen und die biblischen Wahrheiten hochzuhalten.

Als junger Diakon war ich mit meiner Frau in unserem ersten kleinen Personenwagen im Oktober 1962 in Deutschland ferienhalber unterwegs. Auf der Autobahn kamen uns lange Kolonnen amerikanischer Panzer entgegen. Es war die Kuba-Krise – die Welt befürchtete den Ausbruch eines Atomkrieges, den dritten Weltkrieg. Wieder Zuhause hielt in unserer Kirchgemeinde Winterthur am Mittwochabend ein mir damals noch unbekannter Priester den Gottesdienst. Und siehe da: Die Kirche war zum Bersten gefüllt. Plötzlich erinnerten sich in ihrer Angst viele wieder an den lieben Gott und wollten wissen, was die Kirche zur Bedrohung wohl zu sagen hat.

Der Priester erwähnte gleich zu Beginn: *„Die Wiederkunft Christi richtet sich nicht nach der Kuba-Krise, sondern nach der Vollendung der Brautgemeinde des Herrn!“* – Jahre später war anlässlich der beiden Irak-Kriege ähnliches zu erleben. Plötzlich kamen viele in die Kirche, die man zuvor jahrelang nicht mehr gesehen hatte.

Wann kommt wohl das nächste aufrüttelnde Ereignis, das viele wieder einen Augenblick zur Besinnung bringt? Der Tag der Wiederkunft Christi dürfte dafür eindeutig zu spät sein!

Kritik und Fehler

Es liegt in unserer Zeit der Modernisierung, Liberalisierung und des Rufes nach einer individuellen, persönlichen Beziehung zu Jesus Christus, dass viele Menschen sich von der Institution Kirche abwenden und diese kritisieren. Diese Tendenz macht auch vor der Neuapostolischen Kirche nicht Halt. Mir drängt sich hierbei die Frage auf: *„Haben sich diejenigen, welche vor fundamentaler Kritik nicht zurückschrecken und jedes* *und alles negativ bewerten schon einmal ganz in der Stille überlegt, was unsere Glaubensväter und Glaubensmütter „in grauer Vorzeit“ bewogen haben könnte, alles daran zu geben, um eine „neue apostolische Kirche“ zu gründen und aufzubauen?*

War dies vielleicht doch Inspiration des Heiligen Geistes? Oder wollten Einige einfach aus Unzufriedenheit wieder mal ein neues Experiment auf religiösem Gebiet lancieren, wie viele in vielen Jahrhunderten zuvor?

Es steht ausser Zweifel: auch in unserer Kirche wurden und werden immer wieder Fehler gemacht. Überall, wo Menschen wirken, werden Fehler offenbar. Alle Institutionen, also auch kirchliche, alle Personen, also auch Kirchenlehrer, sind nicht ohne Fehler geblieben. Dies hat zu tun mit menschlicher Unvollkommenheit und falscher Sicht gewisser Dinge. Daraus ableiten zu wollen, das Evangelium wäre falsch und ein Erlösungsplan Gottes sei Illusion – diese Sehensweise zielt meines Erachtens allerdings zu kurz. Ich rate auch dazu, alles stets im Licht der entsprechenden Zeit und deren ganzem Umfeld zu sehen und zu bewerten, und auch die jeweils geltenden Gesellschaftsnormen und Denkweisen zu berücksichtigen. Die Welt verändert sich heute in fünf Jahren mehr, als früher in hundert Jahren.

Wer heute urteilen will über Geschehnisse aus vorigen Zeiten, aus der früher herrschenden „Kirchenzucht und Ordnung", aus Verhaltensmustern der Kirche in Diktaturen und während Kriegen, dem sei zugerufen: *„Vorsicht mit vorschnellem Urteilen und Verurteilen"*. Dies gilt auch und gerade für jene, die damals noch gar nicht geboren waren oder noch in den Windeln lagen.

Dazu ein lockeres Wort? Ich sprach mal mit einem „alten" Apostel und Freund, der mittlerweile schon verstorben ist. Er war im Krieg und anschliessend in russischer Gefangenschaft. Ein junger Mann machte ihm den Vorwurf, früher mit Kanonen und Panzern und heute mit der Bibel nach Russland zu reisen. *„Du, wir haben eines gemeinsam"*, antwortete er. *„Wir lagen zur gleichen Zeit in der ‚Kacke'! Du in den Windeln zu Hause bei Muttern, und ich in Todesangst und im Dreck an der Front; um mich herum Tod und Verderben, Fluchen und Beten zugleich. Ich wünsche dir von Herzen, dass du nie ähnliches erleben musst!"*

Ich weiss, heutzutage stimmen solche Argumente nicht mehr jedermann nachdenklich. Viele sind der Meinung, es besser zu wissen. Sie hätten damals natürlich anders gehandelt! Aber wie? Darauf erhält man meist keine schlüssige Antwort. Meine Erfahrung lehrte mich: Angelesenes Wissen, und sei dies noch so umfassend, ist nicht das gleiche wie selbst Erlebtes und Durchlebtes!

Soll ich ein Kapitel über gemachte Fehler von neuapostolischen Kirchendienern schreiben? Wie viele Seiten sollen es denn sein? Und mit welchem Ziel? Ich denke, da hätten andere Kirchen und Organisationen auch einige Jahre Arbeit vor sich. Stammapostel Schmidt meinte diesbezüglich einmal ganz schlicht: *„An unserer Fahne klebt kein Blut!"* Daraus ableiten zu wollen, dass ich anderen Kirchen diesbezüglich das Geringste vorwerfen möchte, wäre verwerflich. Schliesslich hat jeder der sich Christ nennt, mitzuverantworten, was im Namen Christi an Unverantwortlichem durch die Jahrhunderte hindurch getan worden ist.

Gewiss, die Neuapostolische Kirche ist noch nicht so alt. Trotzdem hätten wir angesichts vieler Konflikte an vielen Orten der Welt durchaus auch die Möglichkeit gehabt, einen Nutzen zum Wachstum und damit zu einer gewissen Macht zu ziehen. Um solchen Vorwürfen und Tendenzen entgegenzutreten, änderte ich unter anderem den zehnten Glaubensartikel unseres Glaubensbekenntnisses, der entsprechend hätte ausgelegt werden können. Jener Text[1] aus der paulinischen Zeit (vgl. Römer 13, 1.2), für viele christliche Sklaven in Rom gedacht, passte nicht mehr in unsere Welt von heute. Dieser Wortlaut war einfach nicht mehr zeitgemäss angesichts von Diktatoren, deren Grausamkeit und Menschenverachtung geradezu zum Himmel schreit. Gar nicht immer ist *„die Obrigkeit Gottes Dienerin uns zu gute, weil sie von Gott verordnet ist!“* Trotzdem: Paulus hatte zu seiner Zeit nicht etwas völlig falsches festgelegt, sonst wäre das junge Christentum wohl im Keim erstickt worden. Heute heisst unser 10. Glaubensartikel: *„Ich glaube, dass ich der weltlichen Obrigkeit zum Gehorsam verpflichtet bin, soweit nicht göttliche Gesetze dem entgegenstehen.“*

In meiner 44-jährigen Amtstätigkeit in der Neuapostolischen Kirche habe ich mich nie selbst verwirklichen, sondern nur der Sache dienen wollen, an die ich glaubte und weiter glauben werde, und für die ich jederzeit wieder alles geben würde. Fanatismus oder gar Fundamentalismus waren mir fremd – Eifer hingegen nicht. Und in diesem Eifer konnten mir wohl auch mal „die Pferde durchgehen“, zumal, wenn ich „unter der Gürtel-

---

[1] Der 10. Glaubensartikel hiess in seiner damaligen Fassung: *„Ich glaube, dass die weltliche Obrigkeit Gottes Dienerin ist uns zum Nutze und, dass wer der Obrigkeit widerstrebt, der widerstrebt Gottes Ordnung“.*

linie“ angegriffen wurde. Je weiter ich aber in der Welt herum kam und je mehr ich dadurch erlebte und sah, desto mehr versuchte ich, mir einen realistischen Blick zu bewahren und manches durchaus kritisch anzusehen. Dies kam mir oft zugute.

So sagte ich nach einiger Zeit des Wirkens als Stammapostel, in der ich doch grosse Teile der Welt mit ihren ganz unterschiedlichen Kulturen und Moralvorstellungen gesehen habe, zu den führenden Männern unserer Kirche: *„Brüder, lasst doch unseren Glaubensgeschwistern in ihrem persönlichen Umfeld und in ihrem privaten Leben mehr Freiheit und eigenständige Entscheidungen. Denn schon mein Amtsvorgänger, Stammapostel Urwyler* (Kirchenoberhaupt von 1978-1988), *prägte den Begriff der Eigenverantwortung!“*

Angriffe

Religionskriege gehören zu den schlimmsten und niederträchtigsten, von unendlichem Hass und blindem Eifer getriebenen, fürchterlichen Auseinandersetzungen in der Menschheitsgeschichte. Man sieht und erlebt dies bis heute – in anderen Gebieten und unter anderen Gegebenheiten als zur Zeit der Kreuzzüge, der Inquisition, der Hexenverbrennungen, der Judenprogrome, des dreissigjährigen Krieges, der Gegenreformation und so weiter. Streitereien begannen schon beim Konzil von Nicäa um 325 nach Christus, mit Tumulten, Verbannungen und wohl noch weit mehr. Man kann eben aus der Bibel nicht nur das Gebot der Nächstenliebe herauslesen, sondern auch Aufrufe zur Hexen- oder Ketzerverbrennung ableiten – wenn man dies will.

Als sich die Neuapostolische Kirche langsam auch in Mitteleuropa ausbreitete, waren zwar keine eigentlichen Kriege gegen diese von vielen als teuflische und verderbliche Sekte bezeichnete Gemeinschaft entfacht worden. Aber Rempeleien, sogar Schlägereien, Spott und Hohn und auch Angriffe von Geistlichen anderer Bekenntnisse gab es mehr als genug. Dies trotz der immer mehr aufkommenden Religionsfreiheit.

Wen wundert's, dass sich da unsere Gründerväter und Mütter etwas abschotteten? Dadurch steigerte sich der Dampf in der „Gerüchteküche" wohl noch mehr. Man fragte sich, was da an teuflischen Dingen bei diesen „Apostolen" abging. Trotzdem und vielleicht gerade deshalb: die Zahl der Gläubigen stieg an.

Auch ich wurde in meinem kleinen Dorf als Junge noch oft belächelt und als Sektierer gemieden. Das brachte mich auf die Palme, aber was wollten zwei gegen dreissig in einer Schulklasse ausrichten? Ein gewisser Trotz und Stolz aber zeigte sich auch darin, *anders* zu sein als die grosse Masse.

Später, als Lehrling der Schwarzen Kunst, in einer damals medial gesehen urgemütlichen Zeit, lernte ich dann Aussprüche kennen, wie *„Papier nimmt alles an"* – *„Nirgends wird so viel gelogen* *wie mit Druckerschwärze“ – „Nichts ist so alt wie die Zeitung von vorgestern...“*

Dass später für mich in der Werbebranche noch manches hinzukam, versteht jeder, der um die Verkaufsstrategien mit ihren Tricks und um den Einfluss der Massenmedien weiss. Wohlverstanden – damals noch ohne Web, ohne Hunderte von TV-Programmen und weiss der Himmel, was sonst alles. Ich lernte schon damals die Macht des gesprochenen und auch des gedruckten Wortes hautnah kennen.

Wer heute nicht selektiert, ertrinkt in einer Informationsflut! Wer nicht ventiliert, wird manipuliert!

In die Bücher meiner Bibliothek habe ich vor vielen Jahren ein kleines „Ex Libris-Zeichen“ eingeklebt, mit dem Spruch: *„Lesen ohne Nachdenken macht stumpf! Und Nachdenken ohne Lesen geht irre!“*

Als ich die ersten Zeitungs- und Bücherseiten im schönen alten Bleisatz setzte, musste ich auch eine Hasstirade eines Pfarrherrn herstellen, der in Vorträgen an verschiedenen Orten über „meine“ Kirche herzog. Er war gewiss auch für seine Sache ein Eiferer; aber er verletzte Mitbürger und Mitchristen mit Teilwahrheiten, Unwahrheiten, ja sogar Grobheiten, nein Lügen! Mein Chef gestattete mir eine Gegendarstellung. Als 18jähriger „Schnösel“ kam ich dem Mann mit Fakten, die ihn zum verstummen brachten, und zitierte zum Schluss Gottfried Keller: *„Achte jedes Mannes Vaterland, aber das deinige liebe!"* Wer sich vom Geist (er schrieb Ungeist), der in unserer Kirche herrscht selbst überzeugen will, der komme, wann immer er will und unangemeldet; er ist herzlich willkommen, schrieb ich. Und es kamen welche, einige sind sogar geblieben! Jener Pfarrer liess mir ausrichten, er würde keine Vorträge mehr halten; aber ich solle auch nicht mehr schreiben! War das für mich als junger Heisssporn ein Sieg!

Solche Angriffe sind heute sehr zurückgegangen. Und das ganze Christentum in Europa leider auch. Man lässt einander in Ruhe und hält sich an das Wort des alten Preussenkönigs Friedrich des Grossen: *„Soll doch jeder nach seiner Façon selig werden!"*

Eigentlich kein übles Rezept.

Aber wenn diese kleine „Apostelkirche" doch immer noch wächst und Kapellen baut? Da musste man doch mal näher hinschauen. Inzwischen ist diese ja auch etwas offener geworden. Sicher gibt es – wie in allen Organisationen – auch Unzufriedene und Enttäuschte. Also: Mehr Informationen her! Zumal, das muss ich eingestehen, unsere Missionsarbeit sehr intensiv war und die Kirche rasch wuchs. Dadurch blieb die Auseinandersetzung mit unserer Kirchenlehre leider etwas auf der Strecke. Dabei konnten natürlich auch mal Ungereimtheiten an den Tag treten.

Jede Kirche hat ihr Profil, ihre Glaubensgrundsätze, ihre Dogmen, ihre Sakramente, ihre Lehre über die letzten Dinge (Eschatologie), usw. Sonst wären wir ja alle noch römisch-katholische oder orthodoxe Christen, oder nicht? Nun ja, eigentlich nicht ganz, denn die erste Kirche wurde schliesslich von Aposteln geleitet – die Urkirche war apostolisch.

Der Name „Apostolisch" ist übrigens beliebt. Das habe ich später auf Reisen in der halben Welt gesehen. Es gibt Länder in Afrika, da existieren allein in einem Staat zwanzig und mehr Kirchen mit dem Wort „Apostolisch" im Namen. Bei uns sind das im Volksmund dann halt einfach alles Sekten!

Das waren die ersten Christen bei den Römern, Griechen und Juden übrigens auch. Wäre es nicht an der Zeit, mit diesem dummen Begriff sparsamer umzugehen, besonders wenn man analysiert, was dieses Wort eigentlich bedeutet.

Das weltweites Wachstum der Neuapostolischen Kirche innerhalb von 30 Jahren von einer auf elf Millionen Mitglieder, zudem ein vermehrter Auftritt in der Öffentlichkeit – das brachte Herausforderungen mit sich, auf die weder die Kirchenleitung noch die Kirchenmitglieder vorbereitet waren.

Erschwerend kam hinzu, dass eine Kirche immer konservativ geprägt ist und Veränderungen lange benötigen, dass – wie anderswo auch – auch mal vereinzelt Amtsmissbrauch vorkam und im Lauf der Zeit allzu strenge Gebote und Verbote aufgestellt worden waren, die mit dem Evangelium nichts zu tun hatten. Im Verlauf der 150 Jahre Kirchengeschichte gab es leider auch einige Abspaltungen, die wegen mangelnder Gesprächsbereitschaft, Fehlen von emotionsgerechten Kommunikationsmöglichkeiten, wegen Krieg oder auch wegen menschlichen Machtgelüsten nicht bereinigt wurden. Wir wurden sozusagen überrumpelt! *Kritik von Innen und Aussen!*

Kritik von aussen schweisst zusammen. Kritik von innen aber, das waren wir uns einfach nicht gewohnt, und diese tat weh! Alles begann massiver zu werden, als ich schon in hohen und höchsten Ämtern diente. Es entwickelten sich konservative und liberale Gruppen. Die Dynamik der neueren Zeit, das Hinterfragen einer Sache, machte auch vor unserer Kirche nicht Halt!

Die „Igelposition“ einzunehmen genügte diesmal wohl nicht mehr.

Zum Thema „Abspaltungen“ sei mir doch ein grundsätzlicher Gedanke an dieser Stelle erlaubt: Kann man eine Organisation auch für Abspaltungen innerhalb der Abspaltungen verantwortlich machen, wie dies manche gerne möchten? Ist dies auch das Verschulden der sogenannten „Mutterkirche“? Das ist für mich wirklich zu einfach und zu unlogisch. Eines stimmt allerdings bezüglich der Natur des Menschen: Zerstrittene zerstreiten sich gerne untereinander weiter …

Unter die Gürtellinie

Der Wohlstand in der westlichen Welt nahm seit den sechziger Jahren des letzten Jahrhunderts stetig zu, und damit stiegen auch die Möglichkeiten der Freizeitbeschäftigung. Prioritäten verschoben sich. Neue Weltanschauungen machten sich breit. Autoritätsabbau auf vielen Ebenen war zu erleben, wie zum Beispiel bei Behörden, Vorgesetzten, in der Schule, sogar im Militär, und dann auch in den Kirchen. Unbegrenzte Freiheit lockte, freies Denken sowieso. Zudem kamen mit der schier unbegrenzten Mobilität fernöstliches Gedankengut, esoterische Züge und vieles andere mehr in die Diskussion.

Zählten in unserer Kirche zu meiner Priesterzeit noch gut und gern 70 Prozent der Mitglieder zu den regelmässigen Gottesdienstbesuchern, so nahm auch dies langsam etwas ab. Gleichzeitig kamen in überseeischen Gebieten, vor allem in Afrika und Asien, jährlich Zehntausende, später Hunderttausende neuer Glaubensgeschwister hinzu.

Dies brachte nebst grosser Freude und Schwung auch einen schier unermesslichen Bedarf an Manpower und neuen Ressourcen, die man in so kurzer Zeit gar nicht zur Verfügung hatte. Neue Lehrmittel für Kinder wurden nötig, Fragen harrten einer Antwort, die unsere Väter noch gar nicht kannten. Was in Asien und Afrika niemand interessierte, brannte in Europa nicht nur unter den Nägeln, sondern in den Herzen.

Was kümmert zum Beispiel ein Mitglied in Asien oder Afrika unsere europäische Geschichtsaufarbeitung, etwa während des Zweiten Weltkrieges, während der DDR-Zeit? Fachleute innerhalb der Kirche wurden in Projektgruppen gerufen, und zwar auch ehrenamtlich Tätige, sogar nun ab und zu auch schon Frauen. Für manche ein „endlich“; für andere: „Wo führt denn das noch hin?“. Kurzum: Mammutprojekte begannen!

Als ich als junger Bezirksapostel erstmals dem Stammapostel Urwyler eine Tonbildschau vorstellte, mit der wir die Neuapostolische Kirche intern und extern vorstellen wollten, tat ich dies doch mit etwas Herzklopfen. Kurz zuvor wurde ja noch gegen das Fernsehen „gepredigt“, obschon sich von der damaligen Kirchenleitung keine offizielle Weisung oder Anordnung fand. Seine Antwort verblüffte und erleichterte mich zugleich. Er sagte nur: *„Endlich!“*

Stets war, ist und bleibt das Ziel unseres Glaubens aber die Vorbereitung auf die Wiederkunft Christi! Müsste diese Erwartung nicht in jedem denkenden Christen brennen? Auf dieses Ziel hin will die Neuapostolische Kirche Geborgenheit, Wärme, Liebe und Freude schenken, an den Eckwerten des Evangeliums festhalten, und, was eigentlich simpel tönt: eine apostolische Kirche sein und zu bleiben! das ist der Hauptinhalt. Also etwas salopp ausgedrückt: *Weniger Drohbotschaft, mehr Frohbotschaft!* Ich bemühte mich sehr, dieses Anliegen über die Apostel in den Gemeinden zu verankern.

Die Kritik nahm dennoch zu, stets und stetig. Zum Teil sicher berechtigt – zum Teil aber auch einfach aus der Lust heraus vieles, wenn nicht alles schlechtzumachen.

Hierzu ein paar Beispiele. Es begann eigentlich schon, wenn auch ganz harmlos, nach meinem ersten offiziellen Gottesdienst als Stammapostel an Pfingsten 1988. Ich erwähnte dort ganz spontan den alten Sinnspruch von Emanuel Gobel (1815 - 1884):

Wer da fährt nach hohem Ziel,

lern' am Steuer ruhig sitzen;

unbekümmert ob am Kiel

Lob und Tadel hoch aufspritzen!

Nachher behaupteten doch welche: Am Steuer eines Schiffes sitzt man nicht, sondern der Kapitän steht! Das nahm mich nun wirklich wunder, denn ich bin eine Landratte. Gewiss, sitzen und aufspritzen reimt sich halt – und stehen nicht! Also erkundigte ich mich, wie denn das wirklich auf modernen Schiffen aussieht. Und siehe da, der Kapitän sitzt! Welche Erleichterung für mich; ja und vielleicht auch für den Autor des obigen Verses. Nun, es kam aber noch ganz anders und deftiger.

Ausgerechnet im Internet traf ich auf ein schönes Wort von Bruce Lee (chinesischer Kampfsportler u. Philosoph, 1940 - 1973):

Wenn du kritisiert wirst, dann musst du etwas richtig machen. Denn man greift nur den an, der den Ball hat!

Ein Bezirksapostel meinte mal: Eigentlich müssen wir manchen Kritikern auch dankbar sein. Sie haben gewisse Prozesse in der inner- und ausserkirchlichen Entwicklung bei uns beschleunigt! Früher wäre ein solches Statement unmöglich gewesen. Aber vieles andere an vielen anderen Orten auch nicht.

Ich sagte deshalb in einem Gottesdienst ganz offiziell: *Konstruktive Kritik nehmen wir zu Herzen, unberechtigte Kritik nehmen wir zur Kenntnis!*

Aber das war für uns alle ein Lernprozess. Und wenn dann manchmal etwas „unter die Gürtellinie" ging, konnte ich auch mal emotional reagieren. So äusserte ich einmal in einem Gottesdienst etwas unglücklich, dass das Wort Kritik in der Bibel nicht vorkommt und bei uns keinen Platz hat. Welche Aufregung aber entstand da in vielen Foren über alles, was auch nicht in der Bibel gefunden wird und doch bei uns Platz habe.

In einem Gottesdienst äusserte ich mal den Gedanken: Wenn jeder nur immer das Erlösungswerk Gottes und nie seine Person in den Mittelpunkt seines Handelns gestellt hätte, so würde unsere Kirche heute wohl nicht elf, sondern zwanzig Millionen Mitglieder zählen. Postwendend kam der Kommentar: *„Dem Mister Fehr geht es nur um Zahlen und um mehr Macht!"* Nein, es ging mir nur um die Vollendung des Erlösungsgedankens unseres Herrn und Heilandes Jesus Christus.

„Warum reagiert die Kirchenleitung nicht?“, fragten viele unserer Mitglieder. Nun – mit jeder Reaktion liefert man indirekt neues „Futter“ und verstärkt die Wichtigkeit der vorangegangenen Meldung! Als einmal meine Nerven blank gescheuert waren, liess ich am Ende eines Gottesdienstes durchblicken: *„Geschwister, wir können nicht auf alles und jedes reagieren. Nehmen wir doch die Dinge nicht allzu wichtig. Wir leben in einer Zeit der Schreib- und Informationswut. Was sagten früher denn die Dörfler? Morgen springt wieder ein anderes Schweinchen das Dorf hinunter!“*

Da war aber was los! Entheiligung des Altars war noch ein sanfter Kommentar. Interessant dabei ist nur, dass da der Altar für diejenigen plötzlich wieder heilig war, von dem aus ihrer Meinung nach ansonsten doch nur Unsinn erzählt und Worthülsen gepredigt wurden?!

Nun, immer schweigen, das braucht auch Nerven. Und wenn man wie ich eher ein emotionaler Typ ist, so wird das schwierig. Bei der 100-Jahr-Feier der Neuapostolischen Kirche Schweiz haben wir zum Beispiel nebst örtlichen Regierungen auch die oberste Landesregierung der Schweiz eingeladen. Sieben Bundesräte kennen wir in der Schweiz. Nicht ein einziger gab uns die Ehre. Man könne nicht bei jeder Religionsgemeinschaft, die ihren Sitz in der Schweiz habe, teilnehmen, so die offizielle Entschuldigung. Meines Wissens ist die Neuapostolische Kirche bis heute die einzige Religionsgemeinschaft mit weltweiter Verbreitung, die ihren Hauptsitz in der Schweiz hat.

Kurze Zeit später besuchte ein hoher Würdenträger und Oberhaupt einer religiösen Gruppierung Asiens unser Land. Und siehe da: Von sieben Bundesräten gaben drei diesem Mann die Ehre. So viel zum Thema Gleichbehandlung religiöser Gemeinschaften.

Durch besondere Umstände, die hier nicht näher erläutert werden sollen, liess ich mich in einem Gottesdienst in den Niederlanden einmal zu einer Aussage „hinreissen", die ich in dieser Form heute gewiss nicht mehr verlauten liesse. Sinngemäss sagte ich: *„Wer die Gabe des Heiligen Geistes erlangen will, der muss nicht nach Rom oder zum Kuckuck wo hin pilgern, sondern unter die Hand eines Apostels kommen..."* Leute, da war aber etwas los! „Kuckucks-Predigt" war noch human. Bis heute kocht diese Geschichte immer mal wieder hoch. Konrad Adenauer konnte sinngemäss sagen: *„Was kümmert mich das Zeug, das ich gestern gesagt habe...!"* Er ist in dieser Hinsicht zu beneiden.

Also immer nur schweigen, wenn später gar eine Schlammschlacht von Stapel lief? Zum Thema „Schlammschlacht" schrieb ich im ersten Manuskript etliche Seiten! Nach dem berühmten „Überschlafen“ kürzte ich massiv. Schrieb ich nicht in einem anderen Zusammenhang schon: *„Was sollen denn die alten Kamellen?“* (siehe Seite 66). Also beschränke ich mich hier nur auf ein paar meiner Ansicht nach erwähnenswerte Episoden. Der geneigte Leser kann zwischen den Zeilen vermutlich manches erahnen. Und das genügt!

Einige Mal in meiner aktiven Zeit erhielt ich ernst zu nehmende, konkrete Morddrohungen. Ich erspare uns auch hier Einzelheiten. Man möge sich aber vor Augen halten: Das liegt mehr als 20 Jahre zurück! – Ich zitterte nicht, nahm aber die Dinge meistens doch ernst unter dem Wort eines alten Liedes: *„In wie viel Not hat nicht der gnädige Gott über dir Flügel gebreitet!“*

Es kam knüppeldick. Jemand, der mir früher nahe stand, riet mir inständig: *„Fliege nur First-Class!“* Er warnte vor den Folgen langer Flüge, pochte – als medizinischer Fachmann – auf die wichtige Bein- und Bewegungsfreiheit wegen Thrombosengefahr und verwies auf Stammapostel Streckeisens (Kirchenoberhaupt von 1975-1978) Leiden.

Nachher hackten er und andere erbarmungslos auf mir und der Kirche herum wegen Verschleuderung von Opfergeldern durch First-Class-Flüge und Übernachtungen in Fünf-Sterne-Hotels. Dabei war die First-Class in Europa damals schon längst abgeschafft und auf manchen Überseeflügen auch. Von wegen Fünf-Sterne-Hotels! Manche Hotels in der halben Welt hätten zusammengezählt nach europäischen Massstäben nicht mal einen einzigen Stern verdient. Gewiss, es gab und gibt anständige Unterkünfte, die man verantworten kann. Luxushotellerie wurde zu meiner Amtszeit selten bebucht, wenn andere Möglichkeiten gegeben waren. Oft wurde allerdings das Zimmer für den Kirchenpräsidenten von der Direktion gratis zur Verfügung gestellt, im Zusammenhang mit dem ganzen gebuchten Anlass! Man sollte einfach alles wissen, bevor man alles besser weiss!

Soeben zurückgekehrt aus irgendeiner Ecke der Welt, müde und richtiggehend „geschafft", war man dankbar, wieder zu Hause zu sein. Nachdem man zuvor mit gefährlichen alten Klapperkisten auf Graspisten, also geradezu lebensgefährlich, gelandet und gestartet war, umgeben von komischen Geräuschen und Moskitos und stundenlang ohne Toilette auskommen musste.

Zurück also, nach wirklich undefinierbarem Essen, nachdem einem nachts Käfer über den Bauch gekrabbelt waren, nach dreissigstündigen Reisen richtiggehend erschöpft, dankbar wieder mal ein sauberes Bett und zuvor eine Dusche vorzufinden – da konnte schon mal die Galle hoch kommen bei der dummen Bemerkung: *„Nun, haben Sie einen schönen Urlaub gehabt?“*

In Berichten unserer Kirchenzeitschrift „Unsere Familie“ werden solche Reisestrapazen bewusst höchstens mal am Rande gestreift. Wir wollen ja keine Abenteuergeschichten schildern. Und mit vierfarbigen Glanzfotos kann man auch Hotels, Landschaften, und hundert weitere Dinge zeigen und in einem Licht darstellen, das der Wirklichkeit überhaupt nicht entspricht.

Einmal wurde sogar mein steuerbares Einkommen veröffentlicht und Hunderten von Kirchgemeindevorstehern zugespielt. Wohlverstanden, mein *steuerbares Einkommen,* nicht mein Gehalt von der Kirche! Dass sich ein steuerbares Einkommen in der Schweiz durchaus auch noch aus Nebeneinkünften sowohl des Mannes als auch der Frau zusammensetzen kann, kam jenen Kleingeistern offensichtlich nicht in den Sinn.

Bewusst zu Weihnachten erschien in einigen Zeitungen ein Artikel mit der Headline „Prassender Stammapostel!“ Und dies genau in jener Gegend, in der ich den Weihnachtsgottesdienst hielt. *„Man sieht es ja an seinem Übergewicht“,* stand da im Text auch noch etwas verschlüsselt. Ich erläuterte dann den Geschwistern, wie ich nun zu Weihnachten prassen werde: Nämlich mit einer Wurst und einem Kartoffelsalat! Ich bitte um

Verzeihung, falls sich durch diese Aussage nun einige Vegetarier aufregen sollten.

„Nun, dafür bezieht er jetzt aber eine fette Pension“, denkt sich vielleicht mancher. Das läuft hier wie bei allen Arbeitnehmern. Ich habe einige Jahrzehnte lang meinen Lohnanteil für die Rente einbezahlt. Die früheren Arbeitgeber und später die Kirche ihre gesetzlich vorgegebenen Anteile auch, gewiss. In der Schweiz wird die berufliche Vorsorge durch private Organisationen wahrgenommen. Auch wenn ich hundert Jahre alt würde: Ich koste die Neuapostolische Kirche keinen Rappen bzw. keinen Cent mehr!

Es seien mir noch zwei Bemerkungen zu Schlammschlachten erlaubt, die ich erst im Ruhestand – „endlich online“ – zur Kenntnis genommen habe.

Da las ich doch in einem der Foren, ob denn der Herr Jesu bei seinem Erscheinen auch im schwarzen Anzug daherkommt, wie die Amtsträger der Neuapostolischen Kirche? Da bin ich tatsächlich überfragt. Aber hat nicht jeder Religionsdiener, vom Bettelmönch in Burma bis zu grossen Kirchenfürsten seine spezifische Amtstracht? Manchmal sogar so vielfältig und so kostbar, dass man mit dem Gegenwert etliche Hungernde speisen könnte.

Und wir, wir sollen nicht dürfen? Zumal wir alle den schwarzen Anzug selbst bezahlen? Man sieht, bei uns lebt in diesem Punkt die „Gleichheit der Diener“, denn vom Kirchenoberhaupt bis zum Priester trägt jeder den gleichen schlichten schwarzen Anzug! Wir lassen uns auch nicht mit Ehrentiteln anreden und es käme niemandem in den Sinn, vor uns einen Bückling zu machen.

Auch unser respektvoller Umgang mit den Verstorbenen eigne sich für Schlammschlachten, meinen manche. Seit es die Menschen gelernt haben, die Todkranken und die Toten nicht einfach unter einem Baum liegen zu lassen, den wilden Tieren zum Frass, sondern die ersten Bestattungsformen aufkamen, gedenkt man wohl in allen Religionen der Welt der Toten, mit Beigaben ins Grab, mit Gebeten. Darüber sind ganze Bibliotheken geschrieben worden.

Jesus selbst ging nach seinem Opfertod zuerst ins Reich der Verstorbenen (siehe 1. Petrus 3, 18-20; 1. Petrus 4, 6). Die Neuapostolische Kirche kennt meines Wissens als einziges christliches Bekenntnis ein eigenes Gedenken an die Toten, für welche dann auch Segenshandlungen durchgeführt werden. Dies aus der Glaubensüberzeugung heraus, dass Gott *„will, dass allen Menschen geholfen werde“* (siehe 1. Timotheus 2, 4). Die Einrichtung der „Gottesdienste für Entschlafene“ hat sich im Lauf der Geschichte der Neuapostolischen Kirche entwickelt. Gewiss, vielleicht kam es auch mal zu „Auswüchsen“. Einige habe ich selbst zurückgeschnitten. Wer aber selbst ihm nahestehende Menschen schon hat hergeben müssen, weiss um das Schöne solcher besonderer Gottesdienste. Wer es wahrhaben will, der sieht es – wer es nicht glaubt, der lasse es bleiben. Aber *von „immerwährendem gleichen Gesülze und Geschwafel, Gelaber und Worthülsen“* zu reden und alles als eine *„über hundert Jahre alte Irrlehre abzutun“*, wie ich kürzlich im Netz gelesen habe – nun ja, das scheint mir doch einfach nur primitiv, geschmack- und pietätlos zu sein.

Ich erinnerte mich an meine damals gewiss noch „brave Zeit“ bei den Medien. Nicht die Headline „Hund beisst Mann“ ist interessant, sondern wenn schon: „Mann beisst Hund!“

Luther soll mal gesagt haben: *„Der Mensch hat zwei Ohren und einen Mund! Also sollte er doppelt so viel zuhören wie sprechen!“* Und Paulus (1. Korinther 15, 33) sagte gemäss der Lutherbibel von 1912: *„Böse Geschwätze verderben gute Sitten.“* Aber für manche Kommentatoren, die der Meinung sind, so viel zu sagen zu haben, ist das Befolgen solchen Rates halt schon sehr schwer.

Richard Fehr

Auswirkungen

Hatten solche Turbulenzen und auch persönlichen Angriffe irgendwelche Folgen? So oder ähnlich könnte man sich vielleicht fragen. Schwer zu beantworten! Eigentlich überstand ich alle Reiseanstrengungen, Klimaänderungen, Jetlags, ungewohnte und undefinierbare Speisen und viele andere Dinge, abgesehen von Erkältungen, Fieber. Entzündungen, Magenbeschwerden, Übermüdung und so weiter, relativ gut. Die nötigen Pillen und Tabletten waren stete Begleiter, und oft – wenn auch nicht immer – haben diese geholfen.

Schreckensmomente waren aber die drei Schlaganfälle meiner Frau in Genf, Washington und auf der entfernten Insel Samoa. Sie hinterliessen tiefe Spuren. Auch einige Nierenkoliken mit einem grossen Schmerzpegel, die ich zu erdulden hatte, bleiben in Erinnerung.

Wer will den seelischen Stress analysieren? Nun, ich ging ja zur rechten Zeit in den Ruhestand. Allerdings – sobald der „Motor abgestellt" wird und man später versucht, in eine kleinere Gangart zu schalten, beginnt dieser meist etwas zu „stottern". Ich will hier kein Klagelied singen. Aber nach einem halben Jahr im Ruhestand musste ich mich fünf Operationen unterziehen, zum Teil happige Eingriffe mit schmerzhaften Vor- und Nachwirkungen. In der Folge wurde ein miserables Blutbild diagnostiziert, das eine halbjährige intensive Behandlung mit entsprechenden Folgewirkungen benötigte.

Einer der Ärzte fragte mich: *„Sind Sie mal in den Tropen gewesen?" – „Ja, so ungefähr fünfzig Mal!" – „Ja, da ist auch heute noch längst nicht alles bekannt und erforscht"*, meinte der Professor. *„Würden Sie wieder hingehen?" – „In meinem früheren Auftrag für die Kirche jederzeit; aber ich bin jetzt pensioniert!"*

Nur kurz sei noch erwähnt, dass auch meine Frau innerhalb eines halben Jahres dreimal notfallmässig ins Krankenhaus eingeliefert werden musste.

Dabei ging es manchmal um „alles“. Bin ich darüber nun enttäuscht oder verbittert? Nein, denn man muss auch selbst beweisen, was man früher gepredigt hat.

Richard Fehr

Legitimation

Haben die Apostel der Neuapostolischen Kirche eine Legimitation? – Es sei mir die provokative Frage erlaubt: Woher hatte Jesus Christus eine Legitimation? Hatte er einen Brief mit Siegel und Stempel vom himmlischen Vater bei sich? Man musste an ihn glauben durch seine Worte; denn er predigte gewaltig und nicht wie die Schriftgelehrten! Einige konnten das; viele aber nicht. Er brachte das Opfer, ist auferstanden und gen Himmel gefahren. Braucht es da noch einen schriftlichen Beweis?

Uns wird oft entgegen gehalten, nur die von Jesus selbst gerufenen und berufenen Apostel seien wahre Apostel. Was ist denn mit weiteren Aposteln in der Urkirche? Der sorgfältige Leser der

Apostelgeschichte findet mehr als die ursprünglich von Jesus selbst gerufenen Jünger und späteren Apostel. Der Herr selbst öffnete dazu seinen Knechten die Augen. Man denke: einmal entschied sogar das Los! (Siehe Apostelgeschichte 1, 26). Heute wäre so etwas undenkbar und würde von manchen wohl als Sakrileg abgetan!

Durch Tat, Wort und Werk zeugten im 19. Jahrhundert die englischen und später weitere Apostel, dass sie ihr Amt mit Recht trugen und ausübten. Ein Apostel tut der Apostel Werke. Der Heilige Geist erleuchtet und „ruft“ auch heute und kann durchaus Impulse und Fingerzeige geben zu nötigen Ordinationen. *„Und dabei geschehen keine Fehler oder sogar Vetternwirtschaft?“* – Kann sein. Aber war damals die Erwählung von Judas auch ein Fehler? Wer will dem Herrn dreinreden?

Ist es nicht interessant, hier mal einzufügen, was in Gottfried Büchners Handkonkordanz (Ausgabe 1904)[2] unter dem Begriff „Apostel“ zu lesen ist?

„Die Apostel bleiben für die Christen aller Zeiten ehrwürdig.... In ihnen war der Geist Christi am reinsten und mächtigsten; sie sind unter allen Christen die, die Christo am nächsten stehen.... sie waren ganz für seinen Zweck begeistert und

---

2 G. Büchner (1904): Biblische Real- und Verbal-Handkonkor-danz. Leipzig: Verlag F. Riehm.

opferten sich in seinem Dienste auf; sie sind Denkmale dessen, was Christus in den Menschen vermag.... Sie sind daher ein faktischer Beweis der Nachahmbarkeit Jesu....sie wurden Gründer und Ausbreiter seiner Kirche. Keiner von ihnen hat eine Schule stiften wollen, sie führten nur zu Christus... Daraus folgt, dass der Apostel Lehre Jesu Lehre, dass der Unterschied zwischen einem ,apostolischen und christlichen Christentum' ganz unstatthaft und dem Sinne Jesu geradezu zuwider ist, und dass, wer den Aposteln den Glauben versagt, keine Gewähr mehr hat, um es über Christi Lehre zur Gewissheit zu bringen, und dass er vernünftiger Weise aufhören muss, ein Christ zu sein: da es gar kein anderes Christentum geben kann, als das apostolische!"

„Ja, das gilt aber nur den Aposteln der Urkirche!" So höre ich sehr eindringlich rufen. Ich verzichte hier auf das „Zusammenklauben" von Schriftstellen, mit denen man „unsere" Interpretation der Heiligen Schrift untermauern kann. Mit der Bibel kann und hat man selbst die Kreuzzüge legitimiert und es ist in Zeiten der Religionsfreiheit müssig, zu streiten. Die Bibel lässt verschiedene Interpretationen zu. Die verschiedenen christlichen Bekenntnisse machen davon reichlich Gebrauch. So respektieren wir andere Ansichten durchaus. Dasselbe Recht beanspruchen zu dürfen scheint mir dann aber nicht mehr als gelebte Ausübung religiöser Toleranz.

„Aber dieses Amt wurde in eurer Kirche masslos überhöht!" So höre und hörte ich oft. Das mag da und dort zu gewissen Zeiten und in gewissen Gebieten der „Obrigkeitshörigkeit" schon der Fall gewesen sein und ist es vielleicht sogar heute noch. Aber man sehe doch bitte die Tendenz von heute. Und man sehe auch die Gesellschaftsordnung im Allgemeinen von früher, und dies in allen Bereichen.

Ein banales Beispiel aus meiner Kindheit mag dies erläutern. Wenn ich als junger Bursche beim Bäcker ein Brot kaufte, und die Frau des Gemeindepräsidenten kam zufällig nach mir in den Laden, so wurde diese natürlich zuerst bedient. Der Junge hatte gefälligst zu warten. *„Frau Gemeinde-Präsidentin: Was darf es denn heute sein?"*, wurde sie ehrerbietig angesprochen. Der Gemeindepräsident war allerdings ihr Mann. Nachher kam ich an die Reihe: *„Was musst du haben?"*

Könige und Kaiser, im Militär die Obersten und Generäle, der Pastor im Dorf, im Betrieb der Chef – vor allen hat man sich verbeugt. Man darf, ja soll auch hier alles in den Zeitrahmen der jeweiligen Gesellschaftsordnung stellen.

„Aber bei euch ist dies heute noch so!", behaupten manche. Ich jedenfalls erlebe die Realität in meiner Gemeinde, in der ich die Gottesdienste besuche, ganz anders.

Ich stehe dazu und bleibe dabei: Das Apostolat ist keine „Erfindung“ von uns, sondern das einzige Amt, das Jesus selbst gestiftet und gesandt hat. Darüber, ob er dies wirklich nur in der Absicht für die ersten Jahre nach seiner Himmelfahrt getan hat, kann man natürlich geteilter Meinung sein.

„Jeder kann sich Apostel nennen“, wurde mir schon öfters gesagt. Warum tut man es dann nicht?

Immer wieder höre oder lese ich auch den nahezu gebetsmühlenartig wiederholten Vorwurf vom *„absoluten Machtanspruch der jeweiligen Stammapostel“*. Nach 18 Jahren „an der Spitze“ habe ich für diesen Blödsinn nur ein müdes Lächeln übrig. Sogar Kleinigkeiten, wie Blumen und Dankesworte nach dem Gottesdienst habe ich bewusst abgeschafft. In meiner Amtszeit wurde ein „Demokratisierungsprozess“ eingeleitet, der früher nicht denkbar war. Heute werden Entscheide nach offener Diskussion in der Bezirksapostelversammlung gefällt.

Es sei hier nicht verschwiegen, dass Organisationen mit einem Haupt an der Spitze in unseren Tagen argwöhnischer betrachtet werden als auch schon. Andererseits lehren uns die Profis der Betriebswirtschaftslehre aber auch, dass Führung im Team mit demokratischen Entscheidungen nur „bei schönem Wetter“ erfolgreich funktioniert.

Da die einzelnen Gebietskirchen zudem rechtlich eigenständige Organisationen darstellen sind „diktatorische“ Anordnungen des Stammapostels schon aus rechtlichen Gründen nicht umsetzbar. Schliesslich sei hier auch noch angefügt, dass die Neuapostolische Kirche mittlerweile eine verbindliche Altersgrenze eingeführt hat – selbst der Stammapostel muss spätestens nach Vollendung seines siebzigsten Altersjahres „gehen“…

Gerne schliesse ich diese Betrachtung mit einem Zitat von Stammapostel Walter Schmidt (1960-1975) ab: *„Auch mir bleibt zuletzt nur ein Gnadenpförtlein offen!“* Klingt so ein „Diktator“?

Unserer Kirche sprechen manche Kreise auch die apostolische Sukzession, die apostolische Nachfolge von der Urkirche und dem Apostelamt der Urkirche ab. Deshalb hätten wir auch nicht das Recht zur sogenannten apostolischen Handauflegung. Nur die unmittelbar mit Christus in Kontakt getretenen Jünger seien wahre Apostel, aus denen schliesslich das bischöfliche Amt hervorgegangen sei. So wird Petrus als erster Bischof von Rom bezeichnet. Was war er nun wirklich? Haupt der Apostel, Bischof oder eben der erste Papst? Wurde von den Aposteln wirklich die Leitung der Kirche dem Episkopat übertragen? Ist dies der ursprüngliche Auftrag Jesu an seine Jünger? Führen solche Fragen irgendwo hin? Paulus sagte zu den Christen in Korinth: „„*„Bin ich für andere* *kein Apostel, so bin ich's doch für euch*" (1. Korinther 9, 2). Niemand wird gezwungen, der Neuapostolischen Kirche beizutreten und ihre Glaubensüberzeugungen zu teilen. Die Apostel der Neuapostolischen Kirche sind für unsere Glaubensgeschwister, die an die Lehre der Apostel glauben, da. Ihnen soll unsere ungeteilte Aufmerksamkeit gelten, für sie wollen wir da sein – wann immer sie uns benötigen. Als Diener, nicht als Mächtige. Diese Einstellung erwarten unsere Gläubigen von jedem Kirchendiener. Gewiss, das gelingt nicht jedem zu jeder Zeit auch vollumfänglich und zur Zufriedenheit. Dass sich aber jeder Kirchendiener bemüht, diesem Anspruch zu genügen, diese Erwartung teile auch ich.

Das Apostolische Konzil

Warum ein „Apostolisches Konzil“ im September 2000? – Im Verlauf der Jahrzehnte gab es – wie anderswo auch – die eine oder andere Abspaltung von der Neuapostolischen Kirche. Missverständnisse, gewiss auch Meinungsverschiedenheiten und Machtgelüste trugen leider zu solchen Entwicklungen bei. So existieren bis heute und wohl auch weiterhin verschiedene apostolische Kirchen, deren Ursprung in der neuapostolischen Kirche liegt. Ich wollte mal einen ernsthaften Versuch wagen, vorerst in Europa, alle diese

Gruppen an einen Tisch zu bringen. Das angestrebte Ziel war, nicht mehr gegeneinander zu kämpfen, Recht behalten zu wollen und alte Geschichten aufzuwärmen, sondern Versöhnung zu suchen. Die „apostolische Stimme“ könnte so in einem leider immer kleiner werdenden aktiven Christentums gemeinsam wieder vermehrt vernehmbar werden. Das war der Auslöser für ein „Apostolisches Konzil“ im September 2000!

Nun, der Einladung nach Zürich zu einem „apostolischen Konzil“ folgten „nur“ fünf Denominationen. Einige sagten ab unter der Begründung, dass man sich im Verlauf der Jahrzehnte doch zu weit auseinandergelebt habe. Immerhin: Es begannen erste Gespräche. Es war mir von Anfang an klar, dass der Weg steinig, mühsam und langwierig sein würde, um ein vorläufiges Ziel zu erreichen; denn es wurde in der Vergangenheit allseitig „zu viel Porzellan“ zerschlagen.

Mein Aufruf war: *„Brüder, besinnen wir uns auf unsere gemeinsamen apostolischen Wurzeln. Die apostolische Stimme sollte in der Christenheit mehr gehört werden! Darum wollen wir versuchen, bitte nicht weiter ein gehässiges und verbissenes Gegeneinander, sondern vorerst ein friedliches Nebeneinander, ja vielleicht in der Zukunft sogar ein konstruktives Miteinander zu wagen!“*

Schon beim „Apostolikum“, dem „apostolischen Glaubensbekenntnis“[3], das den Begriff der Dreieinigkeit Gottes beschreibt, gab es sehr unterschiedliche Ansichten. Nach zwei Tagen einigten wir uns aber doch auf ein gemeinsames Communiqué. Ein erster Schritt war getan; weitere sollten folgen. Doch – es ist ein weiter Weg. Wenigstens konnten die Grabenkämpfe und Gehässigkeiten schon einmal etwas beigelegt werden. Ich wünsche solchen Begegnungen auch in Zukunft viel christliches und brüderliches Denken sowie Gottes Gnade.

---

[3] Das „Apostolikum“ wurde im wesentlichen in die ersten 3 Glaubensartikel im Neuapostolischen Glaubensbekenntnis übernommen

Medien

Obschon von früher her nicht ganz „unbelastet, musste ich lernen, mit den modernen Medien und deren Ton und Taktik von heute umzugehen und vor allem viel mehr Gelassenheit zu entwickeln.

Ist die Presse zum Beispiel mal auf jemanden eingeschossen, so können Teilwahrheiten, Vermutungen, Provokationen, Fragen, Unterstellungen und so weiter jemanden mit zartem Gemüt buchstäblich kaputt machen. Interviews zu geben ist zwar interessant und reizvoll. Es können aber Fragen gestellt werden, die man am besten mit einer guten Gegenfrage beantwortet, und dabei möglichst mit einem treffenden Wort vielleicht den Fragenden selbst ins Lächerliche abgleiten lässt.

Sind sich die Medien einer Sache nicht sicher, das Gerücht liesse sich aber als explosive Headline verkaufen, so setzt man gewisse Aussagen einfach in Anführungsstriche oder hängt ein Fragezeichen an. Wichtig ist: Die Bombe ist platziert und explodiert!

Der Verwaltungsleiter der Neuapostolischen Kirche International hatte mal den Gedanken, mich und einige Apostel in einem eintägigen Seminar mit Presseleuten in dieser „Kunst" etwas zu formen. Unsere Gestik, Körperhaltung, Sprache, Mimik, alles wurde auf Video festgehalten und hernach analysiert, besprochen, und sogar schonungslos zerzaust. Man lernt in wenigen Stunden viel, vor allem, wenn die Kritik gnadenlos ist.

Ein damaliger Pressemann, später Chef einer der grössten Tageszeitungen in der Schweiz, liess mich genüsslich ins Messer laufen mit der Frage: *„Wenn die römisch-katholische Kirche eines Tages doch Priesterinnen ordiniert, sind Sie und ihre Kirche dann nicht so etwas wie der Kanton Appenzell in der Schweiz?"*

Dazu muss man wissen, dass diesem Kanton vor Jahrzehnten nach langen hin und her vom Bundesgericht her befohlen wurde, endlich das Frauenstimmrecht einzuführen. Die tapferen Männer jenes Kleinkantons haben dies in manchen Abstimmungen immer wieder verworfen.

„Eine gute Frage“, konterte ich, um etwas Zeit zu gewinnen, und meinte dann: *„Hören Sie mal, sie Urdemokrat, was wäre denn die Schweiz ohne den Kanton Appenzell?“* Damit hatte ich die Lacher auf meiner Seite, und die Frage wurde nicht mehr vertieft.

Einem Apostel stellte dieser „Fuchs“ die Frage: *„Wie wird man in ihrer Kirche Apostel?“* Das war ein Schuss ins Schwarze! Der Mann meinte in schönem apostolischen Vokabular und Terminus, uns allen vertraut, aber Aussenstehenden völlig unverständlich: *„Zuerst muss man ein Gotteskind werden!“ – „Ach, der liebe Gott hat Kinder? Ist er denn verheiratet, und wie heisst denn seine Frau?“*

In weniger als drei Minuten war die ganze Diskussion zu Ende und unser guter Mann „zur Schnecke“ gemacht. In der anschliessenden Analyse wurde ich vom Pressemann gefragt, wie denn ich mich aus der Schlinge gezogen hätte. Meine Antwort war sinngemäss: *„Ich hätte ihnen empfohlen, nicht nur ihre Konkurrenzblätter zu lesen, sondern vielleicht auch mal in einer Bibel zu blättern. Dort kommt der Begriff ‚Kinder Gottes' nämlich her! Aber offenbar haben Sie in der Schule beim Religionsunterricht geschlafen oder sie hatten oft die Masern!“*

In einem Interview nach meinem Ruhestand beantwortete ich „brav“ alle gestellten Fragen die sich ausnahmslos um das Apostelamt drehten. Nachher kamen die Kommentare im Internet *„Typisch, diese Überhöhung des Apostelamtes! Nicht ein einziges Mal wurde Jesus Christus in den Mittelpunkt gestellt.“* Nun – es wurde auch keine einzige Frage zu Jesus Christus gestellt. Hätte ich nun provokativ daraufhin gearbeitet, so wäre wohl der Tenor gewesen: *„Er ist den gestellten Fragen feige ausgewichen.“*

Es wäre falsch, den Medien und der Presse auszuweichen, denn damit macht man sich erst recht verdächtig. Aber man sollte sie auch mit Gelassenheit „geniessen“ und vor allem nicht alles zum Nennwert nehmen. Schon gar nicht sollte man die Medien verteufeln. Wenn ein Geistlicher in Deutschland einmal in seinem ganzen Leben am Fernsehen „Das Wort zum Sonntag“ sprechen darf, erreicht er damit mehr Zuhörer, als wenn er in seiner Kirche ein ganzes Leben lang predigt! Sicher, nachher kommt wieder Werbung oder Sport oder ein Krimi. Aber vielleicht bleibt doch da und dort ein Satz hängen beim Zuseher, und zwar nicht nur im Kopf, sondern im Herzen.

Vergangenheits-bewältigung

Vergangenheitsbewältigung und deren Aufarbeitung ist in unseren Breitengraden für manche ein vordringliches Thema. Ist dies überhaupt möglich? Wohl kaum, oder dann jedenfalls nur in Ansätzen. Ein "Mea Culpa", eine Entschuldigung für ungeschicktes Verhalten, ja, unbedingt. – Nötigenfalls sogar mehrmals, und zwar so, dass dies bis zu den einzelnen Gläubigen durchdringt.

Und dann vor allem aber eines: aus Fehlern lernen und es in Zukunft besser machen. Aber lassen wir dann doch mal ab von alten Kamellen! Man kann doch nicht einfach alle Schuld der Kirche zuschieben, sonst müssten wir ja bei der sehr lückenhaft „bewiesenen“ apostolischen Sukzession beginnen, die man unserer Kirche abspricht. Dann müssten wir sogar über die Kreuzzüge, die Inquisition und die Hexenverbrennungen, die Zwangsmissionierungen von armen Eingeborenen, über die Befreiungstheologie von heute bis zu, ja wohin denn nur noch, diskutieren!?

Da waren unsere Kino-, TV-, Bart- und Kinderfaschingsverbote doch eher harmlos, wenn auch – aus unserer heutigen gesellschaftlichen Sicht, wohlverstanden – unnötig! Ja, ich höre auch hier die Aufschreie! Und ich verstehe auch manches, aber nicht alles! Haben wirklich solche zusätzlichen, aus heutiger Sicht unnötigen Gebote ganze Persönlichkeiten für immer kaputt gemacht? Ich wage es nicht, hierüber zu urteilen. Sollte es im Einzelfall dazu gekommen sein, dass Menschen an solchen Geboten zerbrochen sind – ich bin der Erste, der mich dafür entschuldigt.

Als ich etwa ein Jahr im Ruhestand war, gab ich einer lokalen Jugendzeitung in der Schweiz ein Interview über private und andere Fragen. *„Sie haben in ihrer Amtszeit manches bewegt und einige Dinge verändert!“* Ich antwortete auf eine der Fragen: *„Ich wollte unnötige ‚Gebötlein’ sachte abschaffen, die im Übereifer oft nicht einmal schlecht gemeint waren, aber nichts taugten.*

Der schmale Weg soll nur so schmal sein, wie er vom Herrn gelegt ist!"

Da ging aber ein Aufschrei durch ein Internetforum mit etwa 700 Einträgen und gegen 50'000 Zugriffen. Zugegeben, ich war auch einige Mal bei diesen „Zugriffen" dabei, denn ich habe ja jetzt Zeit. Eine scheue Stimme meinte: *„Was hackt ihr denn nur auf dem Fehr herum? Er ist es doch gerade, der endlich manche solcher Gebötlein abgeschafft hat?"*

Darauf ging niemand nur mit einem Wort ein. Warum denn auch? Dann wäre ja die endlose Diskussion eingeschlafen. Wohl in Ermangelung anderer Themen ist es wirklich interessant, dass genau jenes Zitat von mir in letzter Zeit (Mitte 2009) wieder aufgegriffen wird. Es scheint zurzeit nichts Aktuelleres zu geben.

Kann Geschichtsschreibung objektiv ein? Oder ist diese nicht immer etwas zurechtgebogen oder schöngefärbt? Absolute Objektivität ist kaum möglich, weil immer persönliche Empfindungen des Schreibers sowie gewisse Färbungen in der Überlieferung mitschwingen. Was ein Schreiber objektiv meint, empfindet ein späterer Leser oft als subjektiv. Trotzdem ist wohl immer ein Kern Wahrheit dabei, und das ist das Wichtigste. Ehe die ersten Berichte in Tontafeln geritzt wurden, konnten solche zuvor nur von Generation zu Generation mündlich weitergegeben werden.

Für Christen jeglichen Bekenntnisses ist und bleibt aber bestehen, was Paulus den Galatern schrieb: *„Als die Zeit erfüllet war, sandte Gott seinen Sohn…"*(Galater 4, 4).

Und als die Zeit abermals erfüllt war, kam aus Sicht unseres Glaubens der verheissene Spätregen (Jakobus 5, 7). Man kann darüber rätseln wie man will, aber Gottes Plan wird als einziger erfüllt werden und bleiben, denn *„sein Reich kommt!"* (siehe Matthäus 25, 34; Markus 11, 10; Lukas 22, 18). Auch bezüglich des neuapostolischen Glaubens vertraue ich getrost auf das Wort des weisen Gamaliel: *„Ist dies Vorhaben oder dies Werk von Menschen, so wird's untergehen; ist es aber von Gott, so könnt ihr sie nicht vernichten…"* (Apostelgeschichte 5, 38.39).

Gute alte Zeit

Vor allem ältere Menschen sprechen gerne von der „guten, alten Zeit". Ich denke, diese war gar nicht immer so gut. Die Vergangenheit „vergoldet" manches, was damals ganz und gar nicht so glänzend war. Vieles, was man durchlebte, kann gar nicht auf die heutigen Verhältnisse und auf heutiges Denken übertragen werden. Es waren ganz andere Epochen mit anderen Massstäben und Wertvorstellungen. Und doch, wer will, kann auch für das Heute daraus einen gewissen Nutzen ziehen. Das Patriarchat, vor allem bei uns im Westen, hat wohl ziemlich ausgedient. Nicht aber hoffentlich der Familiensinn, die Geborgenheit, der Zusammenhalt und die christlichen Normen, obschon solche Werte heute von vielen auch nicht mehr hochgehalten werden.

Unzählige Geschichten und Geschichtchen kursieren aus den Anfängen unserer Kirche. Leider fehlen bei den meisten Brief und Siegel. Ob sie also verbürgt und wahr sind? Von Generation zu Generation weiter erzählt, wurde vielleicht manches etwas ausgeschmückt. Aber ein Kern von Wahrheit ist immer dabei. Kämpferisch, rau, aber ab und zu auch mit trockenem Humor ist es zugegangen bei unseren Vätern und Müttern im Glauben.

Irgendwo in den Anfängen besuchte in Deutschland ein Gast, ein Atheist, einen Gottesdienst. Er „versprach“ dem Bruder, der ihn eingeladen hatte: *„Ich will mal sehen, ob bei euch tatsächlich Gott wirkt und gegenwärtig ist. Ich will während der Predigt so dumme Faxen schneiden, dass ‚der da oben' mich strafen müsste, und euer Prediger total aus dem Konzept gerät.“* Unser Glaubensbruder konnte kurz vor dem Gottesdienst das Ansinnen seines Gastes dem Dienstleiter noch mitteilen und bat ihn, sich von diesem ungehobelten Kerl nicht aus der Fassung bringen zu lassen. Während des Gottesdienstes zeigte der Gast nun wirklich Grimassen sondergleichen. Plötzlich ging der Dienstleiter vom Altar hinunter und trat zu diesem Gast. *„Hören Sie“*, meinte er, *„Ich* *überbringe Ihnen einen schönen Gruss vom lieben Gott. Er ist persönlich im Moment leider verhindert und sendet Ihnen durch mich eine Antwort!"* Dann holte er aus und versetzte dem verdutzten Mann links und rechts eine „Backpfeife"! Zurück am Altar meinte er dann: *„Liebe Gemeinde, zur Bestätigung des soeben Vorgefallenen singen wir gemeinsam aus dem Lied „Was Gott tut, das ist wohlgetan..."* Und? Der Mann sei geblieben!

Heute würde wohl die Polizei gerufen, ein Psychiater zur Betreuung beigezogen, und natürlich hätte vor allem die Presse Futter!

In den Achtzigerjahren begleitete ich einmal Stammapostel Urwyler in die damalige DDR, nach Leipzig, zur Ruhesetzung von Bezirksapostel Köhler. Am Abend bat dieser Bischof Gerisch, die Geschichte zu erzählen, wie sein Vater und dessen Freund apostolisch wurden. Nicht nur die Bibel, auch unsere Zeit kennt Glaubenshelden! Und dass dabei auch ein gewisser Humor nicht zu kurz kam, macht das ganze Erleben nur noch sympathischer.

Dieses Erleben wurde bereits im Kalender „Unsere Familie", Jahrgang 1987, abgedruckt, und zwar unter dem Titel „Ein steiniger Acker, der sehr fruchtbar wurde". Noch heute lohnt es sich meines Erachtens sehr, solche Dinge zu lesen.

Hier also diese Geschichte aus der Feder von Bischof Manfred Gerisch aus Sachsen:

Mein Vater ist im Juli 1893 in Herlesgrün im Vogtland geboren worden. Er war das zweite von sieben Kindern. Seine Kindheit verlebte er in Oberreichenbach, später zog die Familie nach Falkenstein. Da mein Grossvater sehr früh starb und seine Frau viel krank war, musste Vater schon in jungen Jahren hart arbeiten, um zum Unterhalt der Familie beizutragen. Einen Beruf zu erlernen, war ihm deshalb nicht möglich. Mit 16 Jahren erlitt er einen Betriebsunfall, bei dem der linke Arm schwer verletzt und bleibend geschädigt wurde, was zu seiner Entlassung und damit zur Arbeitslosigkeit führte. Als er in einer Ziegelei eine Verdienstmöglichkeit fand, musste er hart arbeiten, um das Notwendigste zu verdienen. Bei seiner Hochzeit im Jahre 1923 war er jedoch wieder arbeitslos, und meine Mutter musste in ihrem Beruf den Unterhalt verdienen.

In Falkenstein, dem Wohnort meiner Eltern, lebte zu jener Zeit nur ein einziges Gotteskind: Schwester Schaller. Ihre Kinder waren nach Amerika ausgewandert, und ihr Mann hatte dem Werk Gottes den Rücken gekehrt. Sie hat aber in der ihr eigenen Weise jeden eingeladen, den sie nur ansprechen konnte, auch auf offener Strasse. Die Gottesdienste besuchte sie in Plauen, Greiz oder Schleiz, wie es die Verkehrsbedingungen gerade zuliessen. Durch ihre Arbeit konnten Weihnachten 1925 fünf Seelen aus Falkenstein in Plauen die Heilige Versiegelung empfangen. Von da an fand am Sonntagmorgen auch in Falkenstein Gottesdienst statt.

Auf der Strasse ist Schwester Schaller einmal auch meinen Vater begegnet, ging auf ihn zu und sagte: *„Ihnen tät's auch mal not, dass se in de Kerche gehen!"* Mein Vater hat ihr geantwortet: *„Ich geh' in de Kerche, wenn de Gesangbücher Henkel kriegen."* Schwester Schaller liess sich aber nicht einschüchtern und entgegnete: *„Das bestimmen Sie nicht, wenn der liebe Gott Sie haben will, dann holt er Sie!"*

Einige Zeit danach hatte mein Vater einen Traum: Auf dem Weg zum Garten meines Onkels wurde er plötzlich von einem Mann an die Hand genommen, der ihn durch einen Graben führte, an dessen Ende sich eine niedrige Tür befand. Um hindurch zu kommen, musste mein Vater sich bücken. Als er sich wieder aufrichtete, sah er vor sich den Himmel aufgehen und den Herrn Jesus auf sich zukommen. In dem Augenblick erwachte er. Das Traumbild stand ganz lebendig vor ihm, eine Erklärung oder Deutung dafür fand er jedoch nicht.

Inzwischen war auch meine Mutter in die neuapostolische Kirche eingeladen worden, kam und war schon vom ersten Gottesdienst so ergriffen, dass sie ehrlich zu prüfen begann. Sie versuchte auch, meinen Vater zu bewegen, sie zu begleiten. Mit vielen aus der Tiefe ihres Herzens kommenden Worten schilderte sie, was sie im Hause Gottes erlebte und wie glücklich sie dabei würde. Einesteils machte das den Vater neugierig, andererseits aber schämte er sich zu sehr vor den Leuten. So erfand er immer neue Ausreden.

Vater war zu der Zeit immer noch arbeitslos, so dass es meinen Eltern finanziell nicht gut ging. Vater hoffte darum, Mutter mit dem Hinweis überzeugen zu können, dass er keinen geeigneten Anzug habe, um mit in den Gottesdienst zu gehen. Daran, einen zu kaufen, sei ja nicht zu denken. Mutter hat daraufhin buchstäblich Tag und Nacht als Gardinenstepperin gearbeitet, um mit dem verdienten Geld einen Anzug zu kaufen. Sie hat es geschafft! Doch als der Anzug endlich im Schrank hing, behauptete Vater, ihm fehle das Hemd, dann die Krawatte; danach kam als Entschuldigung, er habe keine guten Schuhe, und so ging das fort. Meine geplagte Mutter fand daraufhin einen besseren Weg. Sie lud ihren Bruder für einen Sonntagnachmittag zu sich ein und sagte ihm: *„Otto, ich gehe frühzeitig zum Gottesdienst. Wenn du dann nachkommst, lädst du Albert – so hiess mein Vater – ein, er solle mitgehen. Wenn er dann wieder ablehnt, sagst du ihm: ‚Weisst du, was du bist? Du bist ein Feigling!' Das kann er nicht vertragen."*

Genauso machten sie es. Otto kam, meine Mutter ging zum Gottesdienst, und als auch Otto aufbrechen wollte, sagte er zu Vater, er möge doch mitkommen. Doch der druckste wieder herum: *„Nein, ich kann da nicht hinkommen. Ich war da noch nie, lass mich zu Hause."* Otto reagierte prompt. In seinem typischen sächsischen Dialekt, in den er stets verfiel, wenn er sich ereiferte, sagte er: *„Wess de was? Nu haste alles, was de* *wolltest, und sagst immer noch ‚ne!' Du bist een janz jrosser Feigling!"* – „*Was*", trumpfte Vater auf. „*Ich een Feigling? Wirste gleich sehen!"* Schon zog er sich an und ging mit.

Als sie zum Haus kamen, in dem sich im Untergeschoss der Versammlungsraum befand, sah mein Vater, dass gegenüber Leute am Fenster standen. Daraufhin stiess er meinen Onkel an und sagte: „*Otto, da drüben gucken Leute aus'm Fenster, da kann ich nicht mitkommen. Gehst alleene nei, ich geh' vorbei.*" In dem Augenblick traten die Leute zurück und schlossen das Fenster. Vater bemerkte es und war mit einem kurzen „Seitensprung" ins Haus gehuscht.

Die Tür zum Versammlungsraum war niedrig. Vater musste sich bücken. Dabei fiel ihm sein Traum ein. Er setzte sich in die letzte Bank. Sehen konnte er kaum etwas. Erstens lag der Raum ja im Keller des Hauses, zum anderen war es an einem Sonntagnachmittag im Winter und deshalb draussen schon fast dunkel. Aus Gründen der Sparsamkeit schalteten die Brüder das Licht erst kurz vor Beginn des Gottesdienstes ein – und Vater traute seinen Augen nicht: Hinten an der Altarwand war ein Bild gemalt, wie dies früher oft üblich war. Es zeigte den Herrn Jesus aus den Wolken hernieder kommend, genauso, wie es Vater im Traum gesehen hatte.

Der Gottesdienst wurde von einem Priester aus dem rund zwanzig Kilometer entfernten Plauen gehalten, der die kleine Gemeinde in Falkenstein noch nicht kannte. Während seines Dienens sagte er: „*Geschwister, es ist nun einmal so, dass der Teufel immer an der Arbeit ist, um zu verhindern, dass eingeladene Gäste ins Haus Gottes kommen. Sie finden jedes Mal neue Ausreden. Erst haben sie keinen geeigneten Anzug, dann fehlt ihnen das Hemd, dann der Schlips, dann die Schuhe, und so geht das immer weiter.*“

Vater hatte aufgehorcht und folgte erstaunt dem Dienen des Priesters. Schon an diesem Nachmittag begriff er, worum es hier ging. Nach dem Gottesdienst eilte er schnurstracks nach Hause, ging ins Schlafzimmer, kniete sich nieder und betete: „*Lieber Gott, das ist der rechte Weg. Aber der ist sehr schmal. Bitte gib mir die Kraft, dass ich ihn gehen kann.*“ Ja, dass er hier den rechten Weg gefunden hatte, war ihm klar geworden – doch eines ärgerte ihn noch.

Als er aus dem Schlafzimmer heraus in die „gute Stube“ trat, kam meine Mutter vom Gottesdienst. Gleich ging er auf sie zu und sagte: „*Das eine will ich dir sagen: Hinter deine Schliche, da komme ich! Deine Pastoren haben gut predigen! Du bist doch hingegangen und hast dem vorher alles erzählt!*“ Meine Mutter schaute ihn ganz überrascht an: „*Ich könnte es beschwören: Ich habe mit dem Mann nicht ein einziges Wort gesprochen.*“ Vater liess sich nicht beeindrucken: „*Du wirst es sehen; hinter deine Schliche komme ich!*“

Vater wusste, dass die Brüder, die in Falkenstein Gottesdienst hielten, mit dem Zug aus Plauen kamen. Am nächsten Sonntag war er schon um sechs Uhr in Falkenstein am Bahnhof. Dort hat er sich versteckt und gewartet, bis jemand im schwarzen Anzug aus dem Zug kam. Dem ist er in einem gewissen „Sicherheitsabstand“ gefolgt und musste feststellen, dass niemand dem Bruder begegnete und keiner mit ihm sprach. Der Priester ging in das Haus, in dem sich die Versammlungsstätte befand, und da kein Ämterzimmer vorhanden war, setzte er sich bis zum Gottesdienstbeginn in die hintere Bankreihe. Auch da hatte Vater ihn also „unter Augen“. Diesmal war er sicher, dass ihn keiner hatte „hinters Licht führen“ können.

Der Gottesdienst begann, und gleich zu Anfang seiner Predigt sagte der Priester: *„Geschwister, es gibt immer noch Menschen, die können einfach nicht begreifen, dass der liebe Gott alles weiss. Die denken, dem Dienenden wird vorher alles erzählt. Wenn man ihnen sagt: ‚Das wird alles vom Heiligen Geist erweckt‘, wollen sie das Gegenteil beweisen. Sie gehen sogar zum Bahnhof und holen den Dienenden ab, gehen immer zwanzig, dreissig Schritte hinterher und stellen dabei fest: Es hat keiner mit dem Bruder gesprochen. Und wenn sie anschliessend im Gottesdienst sitzen, hören sie alles, was sie gedacht, gesagt und getan haben, vom Altar.“*

Meinem Vater wurde es heiss und kalt, und während ihm „das Wasser lief“ – die Tränen aus den Augen rollten – wurde er sich mehr und mehr bewusst: Hier redet wirklich Gott durch seine Knechte.

Schon bald wurde Vater ein Gotteskind. Am 13.März 1927 spendete ihm Apostel Stiegler die Heilige Versiegelung. Im Oktober des gleichen Jahres war Aposteldienst in Plauen angesetzt. Apostel Stiegler war inzwischen heimgegangen, und Apostel Landgraf hatte sein Kommen zugesagt. Die Geschwister aus Falkenstein fuhren früh mit dem ersten Zug in die Stadt und gingen dort erst noch in eine Kaffeestube. Nun ist mein Vater in seinem Leben noch niemals irgendwo zu spät gekommen; er war lieber eine halbe Stunde zu früh als eine Minute zu spät. Auch trieb ihn die innere Unruhe, zumal mein Onkel Ludwig, mit dem er jetzt stets zusammen war, wegen einer Beinprothese nicht so schnell gehen konnte. So drängelte Vater: *„Komm, Ludwig, die Frauen mären hier zu lange rum (vertrödeln zu viel Zeit). Du gehst sowieso langsam. Häng dich bei mir ein und dann gehen wir vor."*

Inzwischen war Apostel Landgraf schon in der Kirche Plauen eingetroffen und hatte den Brüdern gesagt: *„Ich habe mit dem lieben Gott einen Vertrag geschlossen: Die Namen der beiden Brüder aus Falkenstein, die als Erste kommen, schreibt ihr auf, und den Zettel legt ihr mir auf den Altar."*

Stolz, im Gotteshaus die ersten zu sein, kamen Albert, mein Vater, und Ludwig, mein Onkel, zum Gottesdienst. Die Amtsbrüder taten, wie ihnen der Apostel geheissen hatte, wovon die beiden jedoch nichts merkten. Als Apostel Landgraf den Gottesdienst fast zu Ende geführt hatte, sagte er: *„Geschwister, die Gemeinde Falkenstein braucht Mitarbeiter. Deshalb bitte* *ich die beiden Brüder Gerisch und Stahl zu mir an den Altar zu kommen.“*

Mein Vater nahm Onkel Ludwig wieder stützend am Arm, und so gingen beide nach vorn. Als sie vor dem Apostel standen, sagte er: *„Ihr beiden Brüder sollt heute das Unterdiakonenamt empfangen.“* Daraufhin fragte mein Vater treuherzig: *„Was müssen wir denn da machen?“* – *„Das ist ganz einfach“*, sagte der Apostel Landgraf, der innerlich wahrscheinlich über die freimütige Art meines Vaters geschmunzelt hat: *„Ihr sollt frühzeitig kommen, den Versammlungsraum aufschliessen, im Winter Feuer machen, auf den Bänken Staub wischen, Gesangbücher verteilen und die Geschwister freundlich begrüssen.“* Wandte sich mein Vater an seinen Schwager: *„Gel, Ludwig, das machen wir?!“*

Beide empfingen das Unterdiakonenamt.

Am nächsten Sonntag hatten sie es eilig, zur Kirche zu kommen. Sie taten alles, was der Apostel ihnen gesagt hatte. Den Gottesdienst hielt der Priester Kresch aus Plauen. Nachdem er zwanzig Minuten gedient hatte, sagte er: *„Liebe Geschwister, ihr habt ja nun auch Gaben bekommen.“* –

„Gaben?“ ging es meinem Vater durch den Sinn, „Gaben? Ich habe doch gar nichts gesehen, dass der was mitgebracht hat! Liegt da wohl was unter dem Altar?“ In seine Gedanken hinein sagte Priester Kresch: *„Dann mag der Bruder Gerisch einmal vorkommen.“*

Mein Vater stand zögernd auf und sagte sehr bestimmt: *„Ich brauche nichts!"* Priester Kresch, der ja nicht ahnte, in welche Richtung die Gedanken meines Vaters gelaufen waren, wird diesen Einwand zunächst kaum verstanden haben und sagte: *„Nun kommen Sie erst einmal vor."*

„Ich bin zwar seit sieben Jahren arbeitslos", widerstand mein Vater weiter, *„aber ich brauche wirklich nichts – was Sie mitgebracht haben, sollten Sie an die anderen verteilen."* Mehrmals noch bat Priester Kresch: *„Nun kommen Sie ruhig mal vor"*, und mein Vater betonte jeweils nach einigen Schritten, dass er ganz bestimmt alles besässe, was er nötig habe. Als er dann doch endlich am Altar angekommen war, trat Priester Kresch zurück und wies auf seinen Platz. Da ging meinem Vater ein Licht auf!

Er stand jetzt hinter dem Altar, sah in die Gemeinde. Dem ersten kamen die Tränen – da flossen sie bei ihm auch. Hilfesuchend blickte er durch den Raum, sah die grosse Esse (den Rauchabzug) an, starrte gegen die Wand – aber es kam ihm kein Gedanke. So sagte er *„Amen"* und ging wieder an seinen Platz.

Als Onkel Ludwig gerufen wurde, wusste er ja schon, worum es ging. Kreideweiss ging er nach vorn, die Tränen liefen, er schaute in die Gemeinde, sagte ebenfalls *„Amen"* und setzte sich wieder hin.

Nach dem Gottesdienst kümmerten sich Albert und Ludwig um nichts mehr und eilten, so schnell sie konnten, nach Hause in die Wohnung meiner Eltern. Ludwig, als Sparkassenangestellter der Schriftgewandtere von beiden, musste den „Advokat“ spielen und für beide die Austrittserklärung aus der Neuapostolischen Kirche abfassen. Grund: *„Wir können und wollen nicht predigen.“* Sie hatten beide soeben unterschrieben, als die Mutter in die Tür kam.

„Ihr sitzt hier, als wenn euch die Katze die Wurst vom Brot gemaust (gestohlen) hätte. Was ist los mit euch beiden?“

„Wir haben gerade unsere Austrittserklärung unterschrieben.“

Jetzt bekam Mutter einen Schreck. *„Das könnt ihr doch nicht machen!“* entfuhr es ihr, worauf mein Vater leicht aufsässig sagte: *„Wenn du willst, kannst du ja predigen, wir wollen das jedenfalls nicht!“*

Meine Mutter versuchte zu besänftigen: *„Ich kann das ja verstehen. Aber ihr könnt doch nicht einfach euren Austritt erklären, ohne mit den Männern vorher gesprochen zu haben. Ihr müsst denen sagen, dass ihr nicht predigen könnt und nicht wollt.“* Das sahen die beiden ein. *„Ludwig“*, sagte mein Vater, *„steck den Zettel ein. Am nächsten Sonntag reden wir mit dem, der kommt!“*

Am andern Sonntagmorgen waren Albert und Ludwig schon früh am Bahnhof. Der Hirte Wunderlich aus Plauen kam, um den Gottesdienst in Falkenstein zu halten. Die beiden „fingen ihn ab“ und sagten: *„Nun bleiben Sie erst mal stehen. Wir haben die Austrittser-*

klärung unterschrieben in der Tasche. Wenn wir heute drankommen, können Sie die gleich mitnehmen. Und wenn Sie uns hier nicht versprechen, dass wir heute nicht predigen brauchen, gehen wir gar nicht erst mit!"

Der Hirte Wunderlich liess sich nicht aus der Ruhe bringen: *„Brüder, ich verspreche Euch: Ihr braucht heute nicht predigen."* Das beruhigte die beiden. Im Weitergehen sprach der Hirte sie noch einmal an: *„Brüder, ich will Euch nur noch eine Frage stellen: Wie soll denn der liebe Gott sein Werk treiben, wenn er niemand findet, der die Arbeit macht?"*

Am nächsten Sonntag kam wieder Priester Kresch. Die beiden waren überzeugt, dass der Hirte ihn über alles unterrichtet habe und taten freudig ihren Dienst. Priester Kresch diente zwanzig Minuten – dann rief er Bruder Gerisch an den Altar. Der brachte tatsächlich den ersten Satz heraus, sagte *„Amen"* und setzte sich wieder. Dem Bruder Stahl erging es genauso. Nach dem Gottesdienst bestürmten die beiden den Priester: *„Vorigen Sonntag ist uns versprochen worden, dass wir nicht predigen brauchen!"*

Priester Kresch schüttelte nur den Kopf: *„Wenn der Hirte Euch das versprochen hat – ich nicht!"*

Zwar waren Albert und Ludwig ob dieser Antwort sehr verdutzt, doch sie hatten inzwischen eingesehen, dass der liebe Gott jemand braucht, der willig ist, die notwenige Arbeit zu tun. Also schickten sie sich darein.

Eines Tages kam der Bezirksälteste Rockstroh nach Falkenstein. Inzwischen trafen sich die Gotteskinder hier auch am Mittwochabend. Nach dem Gottesdienst sagte der Bezirksälteste: *„Ab sofort wird die Gemeinde Falkenstein nur noch sonntags von Plauen aus bedient. Am Mittwoch hält Unterdiakon Gerisch den Gottesdienst.“*

Meine Mutter hat oft erzählt, dass Vater, wenn er mittwochs von der Arbeit kam, nichts ass und schnell verschwand. Eine halbe Stunde vor Gottesdienstbeginn musste sie ihn meist von der Toilette holen, damit er noch rechtzeitig zur Kirche kam…

Zu der Zeit hatten meine Eltern drei Kinder: meine Schwester Ruth und meine beiden älteren Brüder. Alle drei waren noch nicht versiegelt. Als Apostel Landgraf erneut seinen Besuch in Plauen ankündigte, sollte auch Heilige Versiegelung stattfinden. Es war Winter. Die Buben hatten warme Anzüge, doch dem Mädel fehlte für die Fahrt nach Plauen ein Mantel. Ruth sollte deshalb zu Hause bleiben. Da erbot sich Schwester Schaller, dem Kind einen Mantel zu leihen. *„Kommt nicht in Frage“*, entschied der Vater, *„in geliehenen Sachen fahren wir nicht zum Aposteldienst.“*

„Bruder Gerisch, ich schenke Ihnen den Mantel, aber nehmen Sie das Mädel mit zur Heiligen Versiegelung“, bot Schwester Schaller an. *„Nix!“* bestand Vater auf seinem Kopf. *„Das Mädel ist 12, da gibt es noch öfter Gelegenheit, dass der Apostel kommt. Die Jungen*

fahren mit, Ruth bleibt zu Haus!" Das war so deutlich, dass jeder weitere Widerspruch zwecklos war.

Nur zwei Wochen später stand Ruth mitten in der Nacht weinend vor dem elterlichen Schlafzimmer. Sie klagte über heftige Leibschmerzen und konnte sich kaum aufrecht halten. Der herbeigerufene Arzt veranlasste die sofortige Einweisung ins Krankenhaus. Dort stellte man fest: vereiterter Blinddarm, bereits aufgebrochen, keine Hilfe mehr möglich.

Weinend sass meine Mutter am Bett ihres sterbenden Kindes. Sie hatte noch in der Nacht den Priester Pippig in Plauen, der als einziger der Brüder in jener Zeit schon ein Telefon besass, verständigen können. Er kam, so schnell er konnte. Als er am Bett des Kindes stand, sagte er: *„Ruth, du kommst ja nun auch schon eine Weile zum Gottesdienst. Kannst du auch singen?"* – *„Ja freilich kann ich singen"*, antwortete das Mädel und stimmte auch schon an: *„Ich weiss einen Strom, dessen herrliche Flut fliesst wunderbar stille durchs Land."*

Ich habe meinen Vater später oft zu den Gottesdiensten, die er zu halten hatte, begleitet. Immer, wenn dieses Lied gesungen wurde, hat es ihn in besonderer Weise ergriffen.

Priester Pippig und Mutter hatten mit bewegtem und wehem Herzen zugehört. Als Ruth zu Ende gesungen hatte, fragte Priester Pippig: *„Kannst du auch beten?"* und erhielt ohne Zögern die gleiche Antwort wie zuvor: *„Ja, freilich kann ich beten!"* Ruth faltete die Hände und betete herzlich, dass der liebe Gott ihrem Vater doch mehr Brot geben möge, damit ihre Brüder nicht so oft hungern müssten, und dann flehte sie um Engelschutz für die ganze Familie. Als sie *„Amen“* gesagt hatte, betete Priester Pippig tief bewegt mit Mutter und Kind und befahl die Todgeweihte der Liebe und Gnade Gottes an. Zwei Tage später ging Ruth in jene Welt.

Meinen Vater plagten arge Schuldgefühle, weil durch seinen Starrsinn das Kind nicht hatte versiegelt werden können. Er sprach darüber mit Apostel Landgraf und erhielt die tröstende Zusage: *„Der liebe Gott wird Ihre Schuld dem Kind nicht anrechnen, sondern es in Gnaden annehmen. Seien Sie getrost. Es wird alles gut!“*

Vater fiel es schwer, dieses Wort im völligen Glauben zu ergreifen. Sein Schuldgefühl war so gross und seine Selbstvorwürfe so hart, dass er ohne zusätzliche Hilfe von oben nicht hätte überwinden können. Deshalb betete er: *„Lieber Gott, wenn du mein Kind wirklich in Gnaden angenommen hast, dann lass als Zeichen dafür bei der Beerdigung die Sonne scheinen!“*

Der Tag der Beerdigung kam. Am Morgen stürmte es und „tratschte“, was vom Himmel herunter wollte; Schnee und Regen fielen abwechselnd in heftigen Schauern. Als sich der Trauerzug zum Grab bewegte, hatte sich das Wetter nicht im Geringsten geändert. Mit aufgespannten Regenschirmen umstanden die Trauernden das Grab. Als die Träger den Sarg über der Gruft abstellten, riss der Himmel auf, und durch das Loch in der Wolkendecke schien die Sonne so warm auf das Grab, dass die nasse Erde zu dampfen begann. Langsam senkten die Träger den Sarg ab, und als er den Boden des Grabes berührte, schlossen sich die Wolken und es „tratschte“ weiter.

Ein deutlicheres Zeichen konnte Vater nicht mehr erhalten, und er war dem lieben Gott sehr dankbar dafür.

Vater wuchs immer mehr hinein in das Werk Gottes, und in seiner offenen und geraden Art, von der man wie der Herr Jesus bei Nathanael sagen konnte: *„Ein wahrer Israeliter, in dem kein Falsch ist“*, konnte ihn der liebe Gott zu einem fähigen Werkzeug in seiner Hand machen. Zwei Jahre nach seiner Versiegelung wurde er ins Priesteramt berufen und gleichzeitig zum Vorsteher der Gemeinde Falkenstein gesetzt. 1932 empfing er das Evangelisten- und ein Jahr danach das Bezirksevangelistenamt. 1935 wurde Vater zum Bezirksältesten ausgesondert und als Bezirksvorsteher für den Unterbezirk Plauen gesetzt. In nie erlahmendem Eifer, unwandelbarer Treue und aufopferndem Einsatz hat er Gottes Volk im anvertrauten Bereich gepflegt und auch in schwerer Zeit den Gotteskindern in mancherlei Anfechtungen beigestanden und immer wieder vor den Gefahren gewarnt, die der Seele drohen. Dabei blieben weder er noch seine Familie von Kummer und Leid verschont. In seinem unbeirrbaren Glauben und seiner Herzensfestigkeit war er allen, die ihn kannten und schätzten, ein grosses Vorbild. Am 4.Februar 1964 rief ihn der himmlische Vater in die jenseitigen Bereiche. Was wir sind, danken wir nächst der Gnade Gottes ihm, der uns im Glauben voranging.

Glaubenseifer

Von dem, was der Eifer alles so mit sich bringt, sei im Folgenden die Rede. Bezirksapostel Michael Kraus (1908-2003) erlebte in seiner immensen Missionstätigkeit mehr als zwanzig andere Apostel zusammen. Leider ist auch hier manches verlorengegangen vor lauter Geschäftigkeit in neuen Herausforderungen. Er meinte mal zu mir: *„Ihr Europäer grabt immer in der Geschichte herum. Was bringt das? Wir schreiben heute Geschichte!“* Darauf meinte ich lakonisch: *„Mike, auch du bist ein Europäer. Und wir können heute* *nur auf dem bauen, wozu gestern die Grundlage geschaffen wurde.“*

Von Stammapostelhelfer Schlapphof (1894-1965) hörte ich mal den Ausspruch: *„Ich brauche nur drei Dinge, um überall auf der Welt eine Gemeinde zu gründen: Einen Türhüter, der sein Herz in der Hand hat, eine Bibel und einen Opferkasten!“* Später kam dann wohl noch der Abendmahlskelch hinzu. Wären solcher Eifer und solche Einsicht heutzutage doch auch noch vermehrt vorhanden!

Mit Feuereifer begann Mike Kraus in Indien unsere Kirche aufzubauen. Hunderte, ja Tausende wurden versiegelt und damit Mitglieder der Neuapostolischen Kirche. Zu schnell? Vielleicht! Aber ein Anfang kann nicht zögerlich erfolgen. Nun fehlten für die Feier des Heiligen Abendmahls die Hostien. Not macht erfinderisch. Mike liess alles Fladen, also dortiges Brot einsammeln und auch eine Art Fruchtsaft, ähnlich wie Coca Cola. Dies wurde durch Gebet ausgesondert als Brot und Wein zu Leib und Blut des Herrn. Im Glauben erfassten dies die vielen gläubig gewordenen Menschen. Man kann nun fragen: *„Könnte sich Jesus, der ja das Abendmahl stiftete, zu einer solchen Notlösung bekennen?“* Ich glaube einfach, dass von „Oben“ kleinliches Pharisäer-Denken nicht honoriert wird und selbst solche

Notlösungen Gültigkeit haben. Später erreichten dann die Hostien auch den Subkontinent Indien.

Mike Kraus erzählte mir oft von den Anfängen unserer Kirche in Kanada. Da waren manchmal viele Gäste anwesend, denen aber nach damaligen strengen Regeln die Teilnahme am Heiligen Abendmahl nicht gestattet war. Mikes greise Mutter, die in Kanada in späten Lebensjahren apostolisch wurde, habe dann ab und zu diesen Gästen während der Feier des Heiligen Abendmahles laut zugerufen: *„Geht doch auch nach vorn! Die haben nämlich genug Hostien!"* Und siehe da: Etliche nahmen – so aufgefordert – am Heiligen Abendmahl teil! Nun, hat sich vielleicht der liebe Gott darüber geärgert, oder sein Sohn? Wohl kaum. Vielleicht aber der eine oder andere in der Gemeinde…

Bei einem Besuch von Stammapostel Krebs (Kirchenoberhaupt bis 1905) in der Gemeinde Zürich-Hottingen, so berichten alte Quellen, standen da sage und schreibe unter anderen Brüdern fünf Diakone zur Begrüssung beieinander. Der Stammapostel meinte: *„Was steht ihr hier auf einem Haufen?"* Wirklich, ein grosser „Haufen" war das – ganze fünf Mann! Nun kam der Auftrag: *„Der eine geht nach St. Gallen, der andere nach Bern, ein dritter nach Basel"*, und so weiter. Die Brüder gingen, ohne Frage und ohne Widerrede, ohne Anstellung und ohne Dach über dem

Kopf an ihre künftigen Wirkungsstätten. Aber im Gehorsam, in Gottesfurcht und im Sendungsbewusstsein. Und was war daraus entstanden? Ganze Ältestenbezirke mit tausenden von Seelen. Natürlich kann man so etwas heute nicht mehr kopieren. Aber der Pioniergeist von damals wird vielleicht doch da und dort vermisst, oder nicht?

In Württemberg, vor allem im Schwarzwald, wohl auch durch den Pietismus geprägt, lebten und leben noch viele fromme Leute. Gegen Ende des neunzehnten Jahrhunderts las in einer Schwarzwaldstube ein junger Mann aus einer damals vielleicht wöchentlich erscheinenden Zeitung mit einem Umfang von etwa vier Seiten eine Meldung, und seufzte dabei: *„Wirklich, die Menschen werden langsam grössenwahnsinnig, wenn nicht gar verrückt!“ – „Warum?“*, wurde er aus der Runde gefragt. *„Lese vor!“ – „Da plant doch tatsächlich ein Ferdinand Graf von Zeppelin in Friedrichshafen am Bodensee ein Luftschiff zu bauen! Denkt mal: ein Luftschiff! Schiffe fahren über das Wasser! Aber um Himmels Willen doch nicht in der Luft!“*

Man muss wissen, dass 1894 dazu die ersten Entwürfe vorlagen, und 1899 wurde mit der Montage begonnen. Da meldete sich die alte und betagte Grossmutter und meinte: *„Hört mal alle gut zu! Vor Jahren erzählte mir ein Mann, dass die Zeit kommen werde, in der die Menschen versu-*

chen, zu fliegen. Und dann, in jener Zeit, sollen wieder Apostel wirken wie am Anfang der Kirche. Nun, ich werde dies nicht mehr erleben. Aber Kinder, wenn es soweit ist, versprecht mir: Sucht so viel und so weit ihr könnt, ob doch tatsächlich wieder Apostel Jesu gesandt sind!" Kurz darauf verstarb die Grossmutter; und wenig später erhob sich das erste Luftschiff. Etliche Nachkommen (nicht alle!) suchten und fanden die apostolische Gemeinde. Schade, dass wir nicht mehr alle Einzelheiten genau kennen. Meine Überzeugung ist aber auch hier unumstösslich: Der Ewige lenkt alles, was zur Vollendung des Heilsplanes nötig ist.

Es ist für uns heute kaum mehr vorstellbar, in welch derben Art sich auch hohe Amtsträger in früheren Zeiten äusserten. Bei der Begrüssung der Amtsträger vor einem Gottesdienst sagte Stammapostel Krebs einmal schroff zu einem Diakon: *„Du bleibst heute draussen auf der Treppe sitzen, denn ich weiss, dass du nicht würdig bist, in der Gemeinde zu sitzen."* Verdattert und weinend ging der Bruder hinaus. Die Gottesdienste damals dauerten lang, sehr lang. Nach dem Abendmahl meinte der Stammapostel: *„Ihr könnt den Bruder nun wieder hereinholen"*. Und siehe da, dieser sass doch wirklich immer noch niedergeschlagen auf der Treppe. Zum Altar befohlen, fürchtete er ein neues „Unwetter". Der Stammapostel meinte nun zu diesem Bruder: *„Du hast die Prüfung* *bestanden; du bist demütig und geduldig und nicht weggelaufen. Ich gebe dir hiermit das Priesteramt!"*

Was würde wohl heute geschehen? Prozess wegen Ehrverletzung? Psychiatrische Hilfe wegen seelischem Terror? Headlines in TV und Zeitungen über Sekten-Tyrannen? Für heutige Verhältnisse ein undenkbares Verhalten. Aber damals ergab das einen Priester wie ein tief gewurzelter Baum, in allen Stürmen des Lebens fest.

Stammapostel Krebs, schalkhaft und auch bekannt als ein kleines „Raubein", war oft unterwegs mit Apostel Bornemann, der durch seine hohe Stimme und durch ein eher weiches Gemüt bekannt war. Nach seiner Predigt meinte der Stammapostel einmal: *„Nun habe ich auch noch ein paar Esel mitgebracht, und die können jetzt dienen"*. Dann rief er Apostel Bornemann an den Altar. Dieser konnte es nun doch nicht lassen und sagte: *„Der liebe Vater[4] hat gesagt, wir seien Esel. Ja, das stimmt! Aber er möge bitte bedenken, dass wir ja alle aus ihm hervorgegangen sind!"*

Noch ein Müsterchen des Duos Krebs-Bornemann. Die Blumenschmückerinnen liessen in ihrer Aufgeregtheit oder Vergesslichkeit am

---

[4] Stammapostel Krebs wurde meist als „Vater" bezeichnet

Altar ein Messer liegen, das sie wohl zum Arrangieren der Blumen benötigt hatten. Mitten im Gottesdienst bemerkte Vater Krebs dieses Messer und begann zu donnern, was man mit so einem Messer alles anstellen kann. *„Ja, sogar erdolchen kann man mich damit!“* Der stets gütige Bornemann meinte daraufhin in seinem Predigtbeitrag: *„Der liebe Vater möge aber auch bedenken, dass man mit einem Messer das Brot schneiden kann. Er möge doch gütiger Weise uns weiter das Brot des Lebens überbringen!“*

In die Bergwelt der Schweiz! Ein lieber und einfacher Priester meinte mit seinem von Berndeutsch durchsetzten Schriftdeutsch in einer kleinen Gemeinde: *„Liebe Geschwister, das Werk unseres Gottes ist auf drei Säulen aufgebaut. Die erste Säule, das ist ein kindlicher Glaube.“* Dann kam eine längere Pause, bis er schliesslich bekannte: *„Entschuldigung, meine Lieben, aber die zweite Säule ist mir im Moment entfallen; aber die dritte Säule, das ist ein kindlicher Glaube!“* Nach dem Gottesdienst bekannte er etwas verlegen, dass ihm inzwischen die zweite Säule wieder eingefallen sei, nämlich ein kindlicher Glaube! Ich habe nie gehört, dass jemand Schaden genommen oder diese Predigt kritisiert hätte. Wie sagt doch Apostel Paulus sinngemäss? Dass es Gott gefallen hat, durch törichte Predigt selig zu machen alle, die daran glauben (siehe 1. Korinther 1, 21).

Ein Bruder, der kein Amt trug, meinte mal in einer anderen Gemeinde kritisch: *„Das, was die da vorn predigen, könnte ich schon lange und bedeutend besser“*. Als der Gemeindevorsteher dies hörte, rief er den Bruder zum Altar mit der Bitte, er möge doch nun ausnahmsweise der Gemeinde predigen. Selbstsicher trat dieser nach vorn, öffnete und schloss den Mund, und bekam kein einziges Sterbenswörtchen heraus. Mit rotem Kopf ging er schliesslich zurück in die Bank und maulte nie mehr. Vielleicht wäre dies auch heutzutage noch ein gutes Rezept?!

Nachstehende Begebenheit erhielt ich von Bezirksapostel Ernst Graf, der bis 1996 in Südafrika gewirkt hat:

Mein Vater wurde um die Jahrhundertwende von Apostel Sebastian versiegelt. Zur damaligen Zeit war die Familie Sebastian im Vergleich zu vielen armen Geschwistern recht wohl situiert. Darum fanden Vater und Mutter Sebastian gar keinen grossen Gefallen daran, dass ihr Sohn, der spätere Bezirksälteste Sebastian, als junger Mann sich ein sehr armes Mädchen als künftige Frau ausgesucht hatte. Dies verursachte in dem sonst vorbildlichen Familienhimmel viele „Gewitterwolken“. Eines Tages besuchte Stammapostel Krebs den Apostel. Und Sebastian, mit kräftiger Unterstützung seiner Gattin, offenbarte dem Stammapostel sein Leid mit ihrem ungeratenen Sohn. Danach, beim Abendbrot, und nun in Gegenwart des Sohnes, brachte der Stammapostel dieses Thema auf den Tisch. Er donnerte den Jungen an: *„Liebst du sie denn wirklich?“* Er wiederholte diese Frage dreimal. Der junge Sebastian dachte, dass jetzt sowieso alles im Eimer sei, antwortete aber jedes Mal mit Überzeugung: *„Ja, lieber Stammapostel, ich liebe sie wirklich sehr!“*

Darauf wechselte der Stammapostel abrupt das Gesprächsthema. Am Sonntagmorgen darauf, nach der Feier des Heiligen Abendmahles, ruft der Stammapostel den jungen Sebastian mit seinem Mädchen vor den Altar und spendet den beiden den Verlobungssegen und schenkte ihnen einen von ihm selbst erstandenen Ring. Und dies alles vor der überraschten Gemeinde und den noch mehr überraschten und schockierten Eltern!

Stammapostel Krebs, ein Eisenbahningenieur, besuchte übrigens die Gemeinden meistens per Bahn. Wenn er dann öfters nachts müde nach Hause fuhr, so kam es vor, dass er ausnahmsweise mal eine Fahrkarte dritter Klasse löste, um ein wenig schlafen und am anderen Morgen weniger müde wieder zur Arbeit gehen zu können. Dies passte einem Glaubensbruder ganz und gar nicht. Er betrachtete solchen „Luxus“ als Verschwendung von Opfergeldern. Seiner Meinung nach würde doch auch eine Fahrkarte vierter Klasse genügen. Als dies dem Stammapostel zu Ohren kam, nahm er sich den Bruder vor und erklärte ihm sinngemäss: *erstens* müssten die Geschwister eigentlich soviel opfern, dass er als Kirchenoberhaupt nicht mehr arbeiten gehen müsste, und *zweitens*, wenn er ausnahmsweise mal dritter Klasse reisen würde, weil er sonst nicht schlafen könne, ihn das alles „einen Dreck" angehe....

Opfer

Wir kennen und praktizieren in unserer Kirche ein freiwilliges Opfer, das der Gläubige im Kirchensaal unbeaufsichtigt und unbeobachtet in den Opferkasten einlegt oder – in neuerer Zeit – auch auf dem Weg des bargeldlosen Zahlungsverkehrs direkt an die Kirchenverwaltung einbezahlen kann. Eine Kirchensteuer oder eine zusätzliche Kollekte im Gottesdienst kennt die Neuapostolische Kirche nicht. Wir halten uns an den in der Bibel mehrfach erwähnten Zehnten, ohne aber damit Segen oder Fluch zu verknüpfen. Ich jedenfalls habe dies nie gepredigt. Schliesslich ist es wirklich ein Unterschied, ob jemand mit grossem

Einkommen den Zehnten gibt. Es bleibt immer noch ein respektabler Teil übrig. Oder ob jemand mit kleinstem Einkommen ebenfalls den Zehnten darbringt, und bei dem es dadurch dann wirklich an die Substanz geht!

Nun, vom freiwilligen Opfer werden alle anfallenden Ausgaben beglichen. Manche mögen vielleicht bemerken: Die Forderung nach einem „Zehnten" ist in der heutigen Zeit einfach überrissen. Wirklich? Wenn ich in einem guten Restaurant esse und eine hervorragende und freundliche Bedienung erlebe, wie viel Trinkgeld gebe ich dann wohl? Wenn wir unsere Steuern begleichen müssen, so betragen diese je nach Einkommen und je nach Staat zwischen dreissig und fünfzig Prozent. Wie viel wert ist mir Gott und sein Werk? Einen Dollar, einen Euro, einen Franken, oder doch etwas mehr?

In der ganzen Zeit meiner Amtstätigkeit wusste ausser meiner Frau niemand, was ich in den Opferkasten legte. Und ich selbst wusste bei elf Millionen Kirchenmitgliedern von keinem einzigen, was er opferte! Alles ist freiwillig und ohne Kontrolle. (Von dem Augenblick aber, wo das Opfer im Opferkasten liegt, ist die Kontrolle natürlich umso grösser). Nun kann man sagen: Aber die armen Leute in der dritten Welt, die keine Geldmittel haben? – Von denen kann man sogar lernen, was Opfern heisst.

Ich sah mit eigenen Augen in Afrika ärmste Leute, die wohl kaum je eine Münze in der Hand hielten, wie sie beim Opferkasten zwei Eier oder zwei Tomaten „opferten". Diese wurden dann am nächsten Markt verkauft und der Erlös kam in die Kirchenkasse.

Bezirksapostel Kraus prägte mal den Satz: *„Geschwister, wir wollen der Armut das Genick brechen; darum bringt dem Herrn eure Opfergaben, damit er diese segnen kann."* Nun, wurde dies einmal erlebt? Nein: Tausendmal und mehr! Gewiss: Die Armut wurde dadurch nicht besiegt – das ist aber auch nicht der Sinn eines Opfers, das man Gott darbringt. Ich selbst habe von meinem Freund Kraus gelernt, niemals am Opferkasten vorbeizugehen ohne etwas hineinzulegen.

Als achtzehnjähriger Mann kam Michael Kraus mit 20 Cent in der Tasche nach Kanada. Beim dortigen Thanksgiving-Day nahm er doch tatsächlich bei der Bank einen Kredit auf, um etwas in den Opferkasten zu legen. Verrückt? Wie man es nimmt! Er wurde später ein reicher Mann, und aus seiner „Privatschatulle" flossen viele Mittel in die Kirche und auch an Bedürftige. Und dennoch: Er wurde dadurch nicht ärmer, sondern reicher! Man muss solches selbst erleben, sonst bleibt es wohl unbegreiflich!

Dass Apostel Heinrich Franz Schlapphoff in Südafrika zu seiner Zeit (1928-1954) ein kluger

Haushalter war, zeigt auch folgendes Geschehen: Bruder Hannemann, aus der Gemeinde Observarory im Kapbezirk, war eigentlich ein treuer Mann. Aber er dachte, dass Opfergelder besser verwaltet und eingesetzt werden könnten. Er sprach darüber auch mit seinen Mitgeschwistern. Dies kam Schlapphoff zu Ohren, und als er jene Gemeinde das nächste Mal besuchte, nahm er Bruder Hannemann nach dem Gottesdienst zur Seite und fragte, wie gross sein monatliches Einkommen sei und wie lange er schon neuapostolisch wäre. Darauf nahm Schlapphoff sein Checkbuch aus der Tasche und begann zu rechnen. Monatsgehalt geteilt durch zehn, mal 12 und dann wiederum mal Anzahl der Jahre Mitgliedschaft von Bruder Hannemann: Macht total soundso viel Pfund. Dann schrieb er einen Check über diesen Betrag und übergab ihn Hannemann mit den Worten: *„Einen lieben Gruss vom lieben Gott, aber er will dein Opfer nicht, das mit Kritik und Bedingungen behaftet ist!“* Damit verabschiedete sich der Stammapostelhelfer von Bruder Hannemann, der in seinem Schock keine Worte mehr fand. Erst Jahre später erzählte er, wie er nach Hause ging und unter Tränen den lieben Gott um Vergebung bat, den Check in kleinste Teile zerriss und ihn dann die Toilette hinunterspülte. Er kritisierte nie mehr den Apostel über die Verwendung von Opfergeldern. Interessant ist vielleicht noch zu wissen, dass der Check, den er erhalten hatte, gar nicht gedeckt war… Schlapphoff kannte eben seine „Pappenheimer“ sehr gut!

Jeder kann es mit dem Geldopfer halten, wie er will. Das ist seine private Angelegenheit. Nur glaube ich, dass das alte deutsche Sprichwort eben auch heute immer noch gilt: *An Gottes Segen ist alles gelegen.* Und auch dieser alter Spruch spricht zur Sache: *Gott braucht unser Geld eigentlich nicht; aber wir brauchen seinen Segen!*

Die Pharisäer wollten Jesus eine Falle stellen mit der Münze und des Kaisers Bild darauf. Wir kennen gewiss noch seine Antwort: *„Gebt dem Kaiser, was des Kaisers ist, und Gott, was ihm ist!“* (siehe Matthäus 22, 21). Nur, der „Kaiser von heute“, sprich der Staat und das Finanzamt oder die Steuerbehörde, geben sich mit dem sogenannten Zehnten schon lange nicht mehr zufrieden. Und unser grosser Gott? Im Argument, dass der biblische Zehnte masslos übertrieben sei sehe ich wenig Logik!

Mangelndes Gedenken

Mangelndes Gedenken historischer und aktuelle Ereignisse im Gebet… Ab und zu höre ich die Klage, dass in den Gebeten im Gottesdienst zu wenig historischer und aktueller Ereignisse gedacht werde. Ich diente in Dresden, ziemlich genau 50 Jahre nach dem grausamen und wohl auch sinnlosen Bombardement durch die Alliierten, die diese wunderschöne Stadt kurz vor Kriegsende in Schutt und Asche legten. Etwa 35'000 Menschen, darunter auch viele Flüchtlinge, fanden einen fürchterlichen Tod. Dies erwähnte ich im Gottesdienst mit keinem Wort. Es hatte mich zuvor auch niemand darauf aufmerksam gemacht. Darauf erhielt ich einen bitterbösen Brief, mit dem Vorwurf, als kriegsverschonter Schweizer hätte ich dies alles beiseitegeschoben. Kein Wort, kein Gebet für die Opfer, rein gar nichts! Gewiss, der Schreiber hatte aus seiner Sicht Recht. Aber kann ein Kirchenoberhaupt rund um die Welt alle Schlachten und alle Jahreszahlen wissen? Unsere Erde ist so blutgetränkt, dass man jeden Tag an mehrere Ereignisse denken müsste.

Als Bezirksapostel reiste ich mal mit Bischof Boniquet mit dem Wagen tagelang durch Spanien. Im weiten Süden, in einem grossen, praktisch unbevölkerten und abgelegenen Tal, meinte der Bischof: *„Hier fand vor etwa 2'000 Jahren eine entscheidende Schlacht zwischen römischen Legionen und den Iberern statt. Man sagt, die Männer hätten sich während zwei Tagen zu Tausenden abgeschlachtet."* Nichts erinnert heute dort daran! Natürlich haben wir im Gottesdienst am Abend dieser Opfer gedacht.

Bei meinem ersten Besuch im afrikanischen Land Sierra Leone fiel mir auf, dass ich nirgends Friedhöfe sah. Auf meine diesbezügliche Frage wurde mir geantwortet: *„Man begräbt die Verstorbenen noch am gleichen Tag, praktisch einfach hinter der Hütte. Kommt dann eine Dürre* *und dadurch eine Hungersnot ins Land, so ziehen die Menschen weiter und bauen eine neue Hütte."* Und dies ist wohl seit Jahrhunderten, wenn nicht Jahrtausenden so. Schlussfolgerung: Wo man auch steht und geht, könnte jemand begraben sein. Dabei kommt man schon ins Nachdenken, wie schnell alle und alles vergessen und verlassen ist. Bei Gott ist und bleibt solches aber sicher bekannt und wird nicht vergessen!

Wer von uns denkt denn an untergegangene Völker, deren Namen man nicht mehr kennt? Wer denkt an die Hunderttausende, die die Chinesische Mauer oder die Pyramiden gebaut haben? Man sagt sogar, dass viele, die dabei umkamen, einfach gleich mit eingemauert wurden! Man sparte damit Zeit, Kosten und Baumaterial. Grauenhaft, gewiss! Aber die Geschichte der Menschheit ist dies zum grössten Teil. Und leider wird wenig aus der Geschichte gelernt.

Also: Wo sollen wir beginnen, wo enden? Gerade auch deshalb nehmen wir die Fürbitte für alle Verstorbenen ernst und bauen mit unseren Gebeten Brücken.

Ich war schon in der Schule immer sehr an Geschichte interessiert. Dabei kam meine engere Heimat eher zu kurz. Damit beschäftige ich mich heute ab und zu. Es ist fast unglaublich, was allein auf dem kleinen Territorium der Schweiz in „nur" tausend Jahren für Schlachten geschlagen wurden. Ich will damit niemanden langweilen, aber allein dies gäbe Tausende von Toten, zusätzliche Heere von Verwundeten, Witwen und Waisen, Hunger und Armut, Tränen und Hass.

Ein Geschichtsbewusster könnte sogar hierzulande jeden zweiten Tag im Jahr eine Gedenkfeier veranstalten. Und dabei wären vielleicht die Höhlenbewohner, die Pfahlbauer, die Bronze- und Eisenzeit, die Römerherrschaft und etliches mehr immer noch vergessen! Es gab wohl in der Menschheitsgeschichte Tausende von Auseinandersetzungen und Kriegen. Wer will die Tränen zählen, wenn nicht Gott? Dreimal im Jahr, anlässlich unserer Gottesdienste „zum Gedenken an die Entschlafenen“ versuchen wir möglichst aller verstorbenen Menschen aller Zeiten zu gedenken. Ich finde dies gut so. Jedermann hat das selbstverständliche Recht, anderer Meinung zu sein.

Wunder

Gibt es heute auch noch Wunder? – Und ob! Im Buch „Die Bibel im Test“ von Josh McDowell ist zu lesen: *„Wahre Wunder sind übernatürlich, nicht widernatürlich... Sie sind Manifestationen eines höheren Gesetzes, dem die untergeordneten Gesetze gehorchen müssen!“*[5] Weiter zitiert er einen Bernard Ramm: *„Wenn Johannes in der Tat Augenzeuge der Auferweckung des Lazarus war und dies getreu von ihm niedergeschrieben*

---

[5] Josh McDowell: „Die Fakten des Glaubens: Die Bibel im Test: Fundierte Antworten auf herausfordernde Fragen an Gottes Wort“. Hänssler, 2003.

wurde, als er noch in seinen Fähigkeiten und seinem Gedächtnis bei voller Gesundheit war, dann ist es zum Zwecke der Beweisführung das selbe, als wären wir dabei gewesen und hätten es gesehen. Es ist beachtenswert, dass Jesu Feinde bei der Auferweckung des Lazarus das Wunder nicht leugneten, sondern vielmehr versuchten, ihm umzubringen, ehe alle Menschen ‚an ihn' glauben (Johannes 11,48). Wir sehen also, dass Jesu Zeitgenossen, einschliesslich seiner Feinde, seine Fähigkeit, Wunder zu wirken, nicht bestritten. Jedoch wurde diese Kraft von seinen Feinden Satan zugeschrieben und von seinen Freunden Gott (Matth.12, 24).“

Mattias Claudius hat uns in seinem Lied „Der Mond ist aufgegangen“ den Satz überliefert:

„Seht ihr den Mond dort stehen? Er ist nur halb zu sehen, und ist doch rund und schön! So sind wohl manche Sachen, die wir getrost belachen, weil unsere Augen sie nicht sehn!“

Und sagte nicht Shakespeare jenen bekannten Satz: *„Es gibt Dinge zwischen Himmel und Erde, Horatio, von denen sich eure Schulweisheit nichts träumen lässt.“*

In Goethes Faust ist der weltberühmte Satz zu lesen: *„Die Botschaft hör' ich wohl; allein, mir fehlt der Glaube!“* Und weiter: *„Denn Wunder sind des Glaubens liebstes Kind!“* Solche „Kinder des Glaubens“ gibt es auch in unserer Zeit.

Sie sind nicht erdichtet oder erträumt, sondern erlebt und von Zeitgenossen bestätigt. Leider waren unsere Vorfahren in solchen Dingen etwas „schreibfaul". Und zum andern würden wohl viele Berichte heute trotzdem angezweifelt und sogar ins Lächerliche gezogen.

Darum gilt: Was jeder persönlich erlebt hat, das bleibt; und das können ihm auch hundert Spötter nicht nehmen.

Ich beschränke mich hier auf die Wiedergabe von zwei Begebenheiten, die ich als Wunder bezeichnen möchte.

Apostel Ernst Horn aus Kanada war während des Jahres oft die Hälfte der Zeit in der Missionsarbeit in Südamerika und Asien tätig. Er schreibt:

Nach einem Gottesdienst in Maracai in Venezuela konnten wir uns aus zeitlichen Gründen nicht persönlich verabschieden. Es waren um die 900 Seelen anwesend und wir hatten zum nächsten Ort eine vierstündige Fahrt vor uns. Ich versprach den Geschwistern, dass wir uns das nächste Mal aber bestimmt verabschieden würden. Apostel Wicke und ich eilten zum Auto. Wir waren schon abfahrbereit, da eilte eine Glaubensschwester auf uns zu. Sie sagte kein Wort, legte nur ihre Hand auf meinen Arm, und fort war sie. Apostel Wicke erklärte mir nun, dass diese Schwester an Krebs erkrankt sei und sich nächste Woche einer schweren Operation unterziehen müsse. Zudem habe sie fünf Kinder! *„Für diese Schwester wollen wir besonders beten!“*, meinte ich spontan.

Bei meinem nächsten Besuch fragte ich den Apostel, wie es denn dieser Schwester ergehe. *„Da ist eindeutig ein Wunder geschehen“*, meinte er. *„Erneute Untersuchungen zeigten keinen Tumor mehr! Sie wurde zu einem weiteren Spezialisten überwiesen mit alten Röntgenaufnahmen, die deutlich den Tumor zeigten, und neuen Aufnahmen, die nichts mehr anzeigten. Dieser Spezialist machte erneut Röntgenaufnahmen; und es war kein Krebsgeschwür mehr zu finden. Dieser Spezialist meinte zu unserer Schwester, wenn sie so gesund bleibe, könne sie 100 Jahre alt werden!“* Ihr Glaube hatte ihr geholfen!

Hier noch der Bericht einer Reise der besonderen Art von Ernst Horn in Thailand:

Von Chiang Mai in Thailand sollte ich nach Nan in eine Leprakolonie zu einem Gottesdienst mit Heiliger Versiegelung reisen. Herrschte Ansteckungsgefahr? Ich wusste es nicht und wollte es auch nicht wissen, denn dort warteten gläubige Seelen. Ich fragte einen der Brüder, wie lange die Eisenbahnfahrt wohl dauern würde. Ungefähr sechs Stunden, war die Antwort. Nach fünf Stunden gab ich sehr Acht, an unserem Ziel namens Prae nicht vorbeizufahren, denn dort wartete unser Bezirksevangelist auf mich. Die Zeit verging, und nach sechs Stunden Lotterfahrt war keine Station namens Prae in Sicht. Als der Schaffner vorbeikam, zeigte ich diesem meine Fahrkarte. *„Du bist vier Stationen* *zu weit gefahren!"* Also schnell in den entgegengesetzten Zug, der gerade eingefahren war. Die Brüder hatten mir leider nicht gesagt, dass Prae gar keine Bahnstation hatte. Da ich dort nicht ankam, ging der wartende Bezirksevangelist nach Hause. Niemand dort sprach Englisch, geschweige denn Deutsch. Also, ab in ein Taxi, zusammen mit fünf weiteren Leuten. Ich sagte zum Chauffeur nur: *„Prae"*! Nun erlebte ich eine tatsächlich rasante Fahrt. Man glaubte, in jeder Kurve würde sich der Wagen überschlagen. In Prae besass ich leider die Adresse des Bezirksevangelisten nicht. Doch dieser war sehr bekannt im Ort und ich hoffte, bald bei ihm sein zu können. Ich nahm mir ein Zimmer im dortigen „Hotel", und fragte nach Herrn Punatip, der ja sehr bekannt sei. Antwort: *„Den kennen wir nicht!"* Ich meinte, dieser erhalte doch sehr viel Post; sie müssten den Mann doch kennen und wissen, wo er wohnt. Alles vergebens. Ich ging zurück in mein Zimmer und betete: *„Lieber Gott, ich muss diese Seelen versiegeln; hilf mir bitte!"* Inzwischen war es bereits später Nachmittag geworden. Plötzlich fiel mir ein, dass der Mann auch Doktor Pot genannt wurde. Also gleich zurück zur Rezeption mit der Frage: *„Kennen Sie Dr. Pot?" – „Sicher, von ihm habe ich Englisch gelernt!"* Und siehe da, der Mann kannte die Adresse. Also schnell in ein Taxi und nichts wie los! Punatip sass vor seinem Haus und traute seinen Augen nicht, als ich plötzlich vor ihm stand. *„Schnell"*, meinte er: *„Wir haben von hier zwei Autostunden, und wir sind schon viel zu spät!"* In rasender Fahrt ging es nach

Nan. Dort angekommen war es inzwischen schon 20 Uhr. Alle waren schlafen gegangen. Was nun?

Nach einer halben Stunde waren in unserer von den Leprakranken selbst gebauten Kirche 185 Menschen versammelt. Es war ein sehr bewegender Gottesdienst. Ich fragte mich, wie viele wären wohl bei uns zu Hause aufgestanden und gekommen? Dreissig Seelen empfingen die Gabe des Heiligen Geistes. Ich war so bewegt, dass wir uns beim Abschied umarmten. Man kann einfach nicht beschreiben, was für Gefühle durch das Herz zogen, wenn man zum Beispiel sah, dass der Vorsteher und Priester dieser Gemeinde infolge der Krankheit keine Hände mehr hatte! Jemand musste ihm selbst das Abendmahl reichen.

„Hast Du keine Angst vor Ansteckung empfunden?“ fragte ich mal Ernst Horn. *„Dazu hatte ich gar keine Zeit! Mein Auftrag als Apostel liess solche Gedanken in jenem Augenblick gar nicht zu. Später fragte man sich dann schon mal, wie man dies alles verkraften konnte…“*

Auch in unseren Breitengraden gibt es noch Wunder. Dem Bezirksältesten Jürg Meier aus Basel ist als Gemeindevorsteher nachstehende Geschichte – ein Wunder etwas anderer Art – wiederfahren:

In unserer Gemeinde wurde eine Glaubensschwester nach beinahe zwanzig kinderlosen Ehejahren schwanger. Die ganze Gemeinde freute sich mit. Ich hätte als Wissenschaftler an einem Kongress in Übersee teilnehmen müssen. Ein Tag vor dem Abflug war in jener Gegend ein Erdbeben, weshalb ich – wie viele andere auch – die Teilnahme an jenem Kongress absagte. Am Tag des vorgesehenen Abfluges sass ich beim Mittagstisch, als ich einen Telefonanruf der städtischen Frauenklinik erhielt. Unsere Glaubensschwester lag mit einer lebensgefährlichen Schwangerschaftsvergiftung im Spital. Die Ärzte konnten weder für das Leben der Mutter noch für dasjenige des Kindes garantieren. Das Kind, ein Junge, wurde mit Kaiserschnitt zur Welt gebracht. Der Kleine war aber so klein, dass an ein Überleben kaum zu denken war. Am Samstag wurde er auf der Intensivstation in der Kinderklinik getauft. In der Nacht von Samstag auf Sonntag verstarb er in den frühen Morgenstunden.

Als Gemeindevorsteher hatte ich den Sonntagsgottesdienst durchzuführen. Zusammen mit vier Priestern sass ich vor dem Gottesdienst in der Sakristei. Keinem von uns war nach Predigen zumute. Von der Gemeinde wussten die wenigsten vom traurigen Geschehen der Vortage. Als Dienstleiter musste ich die Botschaft überbringen und sollte die Anwesenden erst noch trösten. Nun ist es in unseren Kirchgemeinden so, dass der Gottesdienst durch Orgelspiel beginnt. Dazu ist die Orgel mit der Sakristei über ein kleines Licht verbunden. Wird in der Sakristei der entsprechende elektrische Knopf gedrückt, leuchtet dieses Lämpchen, nur für den Organisten sichtbar, auf, er beginnt zu spielen und die Gemeinde singt das Eingangslied. Drei Minuten vor Gottesdienstbeginn sagte ich zu den Priestern: *„Eines kann ich euch sagen – ich werde den Knopf heute nicht drücken!"* – Die Priester sagten einhellig: *„Wenn du nicht drückst, wir drücken auch nicht…"*

So sassen wir also in der Sakristei um den Tisch, im sicheren Abstand von mindestens zwei Metern von jenem ominösen Knopf und harrten der Dinge, die geschehen sollten. Schlag neun Uhr begann die Orgel zu spielen und die Gemeinde begann zu singen. Ich sagte zu den Priestern: *„Offensichtlich will der liebe Gott doch, dass wir jetzt Gottesdienst haben".*

Nach dem Gottesdienst bedankte ich mich beim Organisten, einem liebenswerten, aber in seiner Art manchmal auch etwas „rauen" Diakonen dafür, dass er den Gottesdienst begonnen habe, obwohl wir im Ämterzimmer den Knopf nicht gedrückt hatten. Seine Antwort kam kurz und bündig: *„Du spinnst wohl – ich hätte mit dem Orgelspiel nie begonnen, wenn das Lämpchen nicht aufgeleuchtet hätte…"*

Hiob

Gibt es in unserer Zeit auch Menschen wie „Hiob“? – Viele! Dazu könnte man Bücher schreiben. Nicht nur einen, nein Hunderte von Hiobs gab und gibt es auch gestern und heute. Dabei will ich nicht berichten von Leiden ohne Zahl in Konzentrationslagern, oft um des Glaubens willen, von unzähligen Geistlichen, die in Russland während und nach der Revolution ihr Leben liessen, ja sogar lebendigen Leibes an die Kirchentüre genagelt wurden oder etwa von bestialischen Morden an Missionaren. Diese Liste wäre endlos.

Ich beschränke mich auf solche, die ich persönlich erlebte. Und ich verneige mich in Ehrfurcht vor diesen allen. Grossartige Vorbilder gibt es überall und in allen Religionen und Konfessionen. Oft wird das Auferlegte so vorbildlich getragen; und zwar aus der Kraft eines sehr tiefgründigen Vertrauens in Gott, dass ER doch alles wohl macht.

Als Priester besuchte ich praktisch wöchentlich einen Glaubensbruder mit fortgeschrittenem Knochenkrebs. Er litt einfach „tierisch" unter Schmerzen. Damals kannte die Medizin noch nicht die Schmerzmittel von heute. Da trösteten keine schönen Psalmworte, kaum ein Gebet; nur ehrliches und herzliches Mitgefühl und sogar Mitweinen. Es war nicht unmöglich, aber schwierig, in allem einen „tieferen Sinn" zu sehen.

Ich kannte einen gleichaltrigen Glaubensbruder, der seit seinem achtzehnten Lebensjahr an Kinderlähmungsfolgen litt und bis zum Kopf vollständig gelähmt war. 40 Jahre trug er sein Kreuz mit Würde. Ja er sagte mal zu mir: *„Richard, was du heute machst als Stammapostel, das könnte ich nicht."* Und ich stammelte: *„Hansruedi, und was du seit Jahrzehnten trägst, das könnte ich nicht!"* Als ich seine Trauerfeier hielt, flossen Tränen der Anerkennung und Würdigung in meine Worte.

Auch Amtsträger aller Stufen blieben und bleiben nicht verschont, obwohl sie ihr Leben dem Herrn verschrieben haben. Darüber gäbe es viel zu schreiben; aber ich denke an ein Wort aus der

Offenbarung Johannes (20, 12): *„Und Bücher wurden aufgetan"!* Viele werden dann staunen über wahrhaftige Grösse und Grössen – und endlich sehen, was wahres Heldentum ist! Man kann sich sogar die Frage stellen: Wie viel kann ein Mensch ertragen? Viel – sehr viel!

Zum Hiob, von dem die Bibel berichtet, und dessen Authentizität auch bereits angezweifelt wird, gibt es noch einen wesentlichen Unterschied. Ihm wurde nach schwerster Leidenszeit ein Mehrfaches wiedergegeben. Gott sagte damals dem Bösen: *„Doch schone sein Leben!"*(Hiob 2, 6). Und mancher „Hiob von heute" hofft und bangt, leidet und betet bis zuletzt und bis zum Ende seiner Tage…

Nun noch die vielleicht provokative Frage: Gab es diesen Hiob und die Vereinbarung zwischen Gott und dem Teufel wirklich? Hat der ewige Gott mit sich auf solche Weise „handeln" lassen? Oder ist alles nur eine blumige Geschichte aus dem Orient? Wie auch immer: Der „Kern der Geschichte" war schon damals Realität, und ist es bis heute tausendfach!

Wie genau sich dies alles abgespielt hat, ist übrigens nicht wesentlich, und auch nicht Teil des Evangeliums Jesu Christi. Wie viele Tausende aber haben Trost und Zuversicht aus dem Buche Hiob schöpfen können!? Und das ist wichtig!

Zu erwähnen ist auch noch, dass die Person, die einen Hiob heute begleitet, oft ebenso sehr oder noch mehr leidet – und wenige nehmen dies zur Kenntnis…

Einssein

Zwischen den Begriffen *Einheit*, *Einigkeit* und *Einssein* liegt ein grosser Spielraum und unendlich viel Arbeit und Feingefühl.

Den Begriff *Einheit* verwendet man ja auch beim Militär, bei der Polizei oder meinetwegen bei der Feuerwehr, in Vereinen oder bei politischen Parteien. Aber ob diese Einheit auch eins ist, steht auf einem anderen Blatt!

In den achtzehn Jahren als Oberhaupt der Kirche bemühte ich mich nach bestem Wissen und Gewissen, von der Einigkeit und der Einheit zum Einssein zu kommen. Man sprach schon früher oft und viel von der Einheit im Apostelkreis. Ob berechtigt oder unberechtigt, wird „der gerechte Richter“ wohl erst am Ende offenbaren. Einheit ist gut, schön und jedes Opfer wert. Aber wir strebten nach dem Einssein! *„Vater ich bitte, damit sie alle eins seien“,* so betete doch Christus (Johannes 17, 20.21). Dies ist ein steter Prozess, an dem fortwährend unendlich viel geschaffen, geschliffen werden muss; vor allem auch mal unter Zurückstellung der eigenen Meinung und Person.

Auch reger E-Mail-Verkehr, Telefonate und alle anderen möglichen Kontakte können dies allein nicht schaffen. Nicht einmal Video-Konferenzen über Ozeane hinweg. Bezirksapostel Kraus sagte mir mal: *„Man muss seinen Freund und Mitbruder sogar ‚riechen können', um ihm wirklich nahe zu sein.“* Tuchfühlung ist also gefragt!

Ich will aus eigenem Erleben und tiefer Überzeugung festhalten: Wir haben am Einssein intensiv und mit gegenseitigem Respekt gearbeitet. Wer das nicht glaubt oder mir nicht „abkaufen“ will, der lasse es. Aber ich bekenne mich dazu mit meiner ganzen Person und mit meinem ganzen Glauben, ja mit meiner tiefsten Überzeugung!

In Apostelgeschichte 15, 39, lesen wir: *„Und die kamen scharf aneinander, so dass sie ich trennten...“!* Ja, wirklich, die damaligen Apostel. Und doch anerkennt wohl jeder Christ, dass dies damals die Kirche Christi war, oder nicht? In den 18 Jahren meiner Tätigkeit als Leiter der Neuapostolischen Kirche erlebte ich keinen Augenblick, den man so hätte beschreiben können. Heute würde man ausserdem wohl ganz andere Worte wie „scharf“ verwenden. Wer nach Zwistigkeiten im Apostelkreis sucht, den muss ich enttäuschen.

Wir hatten zwar auch mal verschiedene Ansichten, auch Meinungsverschiedenheiten, sogar mal Verstimmungen. Aber dafür und dagegen gab und gibt es Gespräche, das stille Gebet, Impulse aus dem Heiligen Geist, das Zurückstellen der eigenen Person und Befindlichkeit und vor allem den Willen zum Einssein! Einssein ist immer zerbrechlich, gewiss! Deshalb muss unablässig daran gearbeitet, muss es laufend neu geschaffen werden.

„Und zuletzt, wenn doch verschiedene Ansichten blieben?“, fragt die eine oder der andere doch. Dann ist es immer noch so, dass das Wort Jesus zu Petrus gelten soll: *„Stärke deine Brüder!“* (Lukas 22, 32) Und diese Stärke nimmt die Schärfe!

Offene Türen

Offene Kirchentüren!? – Eine vielleicht etwas provokative Frage: Warum sind unsere Kirchen vor und nach den Gottesdienstzeiten immer verriegelt und verschlossen? Warum sind viele unserer Kirchengrundstück immer (noch) von einem nahezu unüberwindbaren Zaun umgeben? Könnte man hier nicht überall etwas grosszügiger sein? Ist Vandalismus zu befürchten? Schon möglich; aber wenn solche wollen, kommen sie auch bei verschlossenen Türen rein! Natürlich könnten Nachbarkinder auf dem Parkplatz Fussball spielen und dabei eine Fensterscheibe einschlagen.

Ich erinnere mich, dass nach dem Neubau der Kirche Zürich-Hottingen auf dem Vorplatz viele Jugendliche aus einer nahe gelegenen Mittelschule ihr „Mittagessen“ auf diesem Platz einnahmen. Ein übereifriger Hirte hat dann mit diesen jungen Menschen gestritten und sie zur Ordnung gemahnt, weil immer viele Abfälle der Zwischenverpflegung auf dem Boden lagen.

Dann ging der damalige Bezirksapostel Urwyler mal auf diese jungen Leute zu und sagte: *„Hört mal, ihr Lieben: Ihr dürft hier ohne weiteres euren Lunch verzehren. Wir werden einen Abfalleimer installieren, und ich bitte euch, die Überreste nachher dort zu entsorgen; direkt unter dem Emblem unserer Kirche. Und solltet ihr später mal irgendwo in der Welt in Sorgen und in Not sein, so erinnert euch daran: An allen Gebäuden, die dieses Emblem tragen, ist die Neuapostolische Kirche präsent; und ihr seid jederzeit bei uns willkommen!“*

Sehr weise, nicht? Ich freue mich festzustellen, dass in der Schweiz in vielen Kirchgemeinden der Kirchenparkplatz und der Kirchengarten heute öffentlich zugänglich sind. Negative Erlebnisse sind mir nicht bekannt. Aber ich bin heute ja auch Ruheständler.

Persönlicher Weinberg

Funktioniert der sogenannte „persönliche Weinberg"? – Die Zeit des sogenannten „Türklinken-Putzens" ist endgültig vorbei bei Videoüberwachung, Lichtsensoren, Gegensprechanlagen usw. So was funktioniert allenfalls noch im Busch, nicht aber in Grossstädten und Agglomerationen der westlichen Welt.

So propagierte ich damals den Begriff „persönlicher Weinberg". Ich weiss, dieses Wort ist nicht für alle Gebiete dieser Welt optimal. Wo gibt es zum Beispiel in vielen Ländern Afrikas oder in Indonesien Weinberge? Aber Jesus selbst prägte diesen Begriff: *„Gehet ihr auch hin in den Weinberg…"* (Matthäus 20, 4). Gewiss findet man auch andere Worte wie zum Beispiel *„Menschen-*

fischer", „Ich habe noch Schafe in anderen Ställen", usw. Es ist kaum möglich, mit einem einzigen Begriff allen verständlich zu machen, was gemeint ist.

Letztlich ging es um den Aufruf an Glaubensschwestern und Glaubensbrüder, ihren Glauben so zu leben, dass sie bei sich bietender Gelegenheit mit dem Bäcker, dem Frisör, dem Tankstellenwart, dem Verkäufer im Laden um die Ecke, dem Arbeitskollegen usw. darüber reden können. Unsere Ausstrahlung, unsere Lebenshaltung sollen solche zu Fragen veranlassen. *„Und: machst du das selbst auch?",* werden viele fragen. Meine ehrliche Antwort: *„Ja, aber eigentlich viel zu wenig!"*

Immerhin: Als junger Apostel kam ich mit allen Miteigentümern des Wohnblocks meiner ersten eigenen Wohnung (die ich mit meinen Ersparnissen aus früherer Tätigkeit gekauft hatte) ins Gespräch über meinen Glauben. Und sie kamen alle, vom Oberst im Generalstab über den Bankdirektor bis zum Juristen, zu einem Gottesdienst. Sie blieben zwar nicht, hatten aber nachher über unsere Kirche eine andere Meinung, manche äusserten sogar eine Hochachtung.

Als einer der Mitbewohner starb, bat mich dessen Witwe, bei der Trauerfeier ihres Mannes nach dem katholischen Geistlichen als Freund auch einige Trostesworte zu sprechen. Das war damals eine kleine Revolution. Der Geistliche machte mir die Sache nicht leicht; obschon er seinen Gläubigen wohl nie in der Kirche sah und wohl auch nicht kannte, hielt er eine würdige und inhaltsreiche Trauerfeier. Nach meinem Wortbeitrag fragte dieser die Witwe aber doch: *„Wer ist dieser Mann?"* Diese gab bereitwillig Auskunft. Auch das ist Weinbergsarbeit.

Vor allem bei Überseeflügen wurde ich von der Crew oft gefragt: *„Sie sind so gut gekleidet! Reisen Sie geschäftlich oder geht es in den Urlaub?"* Dann gab ich kurz und knapp Auskunft über meine Mission. Einige waren interessiert und wollten mehr wissen. Andere wurden reserviert höflich. Aber immerhin: Viele hörten so zum ersten Mal etwas über die Neuapostolische Kirche.

Hielt ich Gottesdienste in Afrika, die oft per TV ins ganze Land übertragen wurden, erkannten mich Mitglieder der Crew oft bei der sehr genauen Gepäckkontrolle bei diffusem Licht um Mitternacht auf dem Rollfeld. Einmal sagte ein Swissair-Angestellter zu seinen Kollegen: *„Der ist sauber; den müssen wir nicht kontrollieren. Er hat heute gepredigt; übrigens gar nicht schlecht!"* Es hat also auch Vorteile, wenn nur ein TV-Kanal zur Verfügung steht. Der „persönliche Weinberg" könnte noch viel mehr bringen, wenn nur von vielen Gelegenheiten einige erfasst würden – auch von mir.

In unzähligen Hotels, vor allem in der sogenannten „dritten Welt", kamen vom Direktor bis zum Zimmermädchen viele in den Gottesdienst, weil sie offenbar durch unser Verhalten angesprochen wurden. Einmal konnte ich „meinen Chauffeur" im Kongo, der mich zu einigen Gottesdiensten und Besprechungen gefahren hatte, mit seiner ganzen Familie in meinem Zimmer taufen und versiegeln. Und er ist geblieben. Also kein spontaner Gefühlsausbruch, sondern eine Herzenssache.

Öffnung im Osten

Der erste neuapostolische Apostel, der im Auftrag von mir „in geheimer Mission" in die damalige UdSSR reiste, um Möglichkeiten zu erkunden, war Apostel Rudolf Kainz aus Österreich. Der für die englischen Apostel zuständige Mann, der Jahrzehnte zuvor das „Testimonium"[6] dem Zaren von Russland überreichte, wurde damals kurzerhand ausgewiesen.

---

6 vgl. Apostelkollegium der Neuapostolischen Kirche: „Das Zeugnis der Apostel an die geistlichen und weltlichen Häupter der Christenheit", aufgestellt im Jahr 1836 (Dt. Nachdruck).Frankfurt: Bischoff, 1932, 76 Seiten.

Viele Jahrzehnte später versiegelte Apostel Kainz in „Irgendwo“ in der Sowjetunion die erste Seele in einem Park unter freiem Himmel! Er war und ist ein eifriger und mutiger Missionar, denn immerhin drohte ihm damals das Gefängnis, falls er erwischt worden wäre.

Ich erhielt diese Meldung anlässlich einer Bezirksapostel-Versammlung in Zürich, und bat alle Anwesenden, ohne genaue Details zu nennen, vermehrt für die Öffnung dieses Landes zu beten. Wenig später erfolgten dann noch einige weitere Reisen von Aposteln in dieses Riesengebiet, nachdem Gorbatschow „Perestroika“ und „Glasnost“ propagiert hatte.

Der Fall der Mauer in Berlin und des Eisernen Vorhangs, die Öffnung Osteuropas, der Zerfall der Sowjetunion – damit ging „ein alter Traum“ von mir in Erfüllung. Nicht nur wegen der politischen Änderung, sondern weil sich damit ein neues, riesiges Arbeitsfeld für unsere Kirche auftat. Zum 40. Geburtstag meiner Frau Sonja schenkte ich ihr einen Städteflug nach Moskau. Es war interessant und imposant zugleich. Wohl auf Schritt und Tritt überwacht, sprachen wir im Hotelzimmer nur in „Schwizerdüütsch“. Da man nicht wusste, ob beim KGB auch jemand war, der unsere Sprache trotz allem verstand, liess ich oft wegen versteckten Wanzen den Wasserhahn laufen. Ob das genützt hätte, weiss ich nicht, habe es aber irgendwann in einem Buch gelesen. Das Wasser rauschte vor allem dann, wenn wir beteten und ich dem lieben Gott sagte: *„Lass doch eines Tages dieses Riesenreich für dein Werk aufgehen!“*

Ich hoffte, ja glaubte daran, dass eines Tages die Grenzen fallen und die Regime wechseln würden. Ich war mir natürlich auch bewusst, dass mich viele ob meiner Träume ausgelacht hätten!

Nun, als unermesslich grosse Gebiete aufgingen, ganz am Anfang meiner Tätigkeit als Stammapostel, muss ich zugeben, dass wir eigentlich unvorbereitet waren und von der Entwicklung geradezu überrumpelt wurden. Eine eigentliche Strategie fehlte. Sprachbarrieren waren vorhanden (man ging also wieder einmal vor allem auf die Deutschsprachigen los!), auch das nötige Potential an Amtsträgern fehlte.

Apostel Brinkmann meinte damals beispielsweise: Wenn ich hundert russischsprachige Evangelisten hätte, würde ich allein in Sachalin, wo es damals praktisch keine christlichen Kirchen gab, in einem Jahr hundert Gemeinden gründen. Nun, es wurde anfänglich manches „aus dem Boden gestampft“. Bei vielen Gästen war wohl auch eine falsche Erwartungshaltung an die Apostel aus dem Westen vorhanden.

War der Zulauf zunächst gross, so blieb dann später der Wachstumsschub aus. Die russische

Kirche erstarkte sehr bald und legte uns Steine in den Weg. Auch die finanziellen Mittel waren beschränkt; und ein Russe erwartet von seiner Kirche eine gewisse Pracht, eine ausgeprägte Liturgie und nicht nur eine einfache Wortverkündigung. Die Kirche soll zudem auch nach Aussen repräsentieren. Im Nachhinein ist man immer klüger. Wir haben beim „Aufbau Ost" einige Fehler gemacht. Es muss aber gesagt sein: ein gesunder Kern blieb, für die Zukunft sind gewiss noch Möglichkeiten offen. Die berühmte russische Seele kann angesprochen werden; es braucht aber Geduld und Einfühlungsvermögen. Und wie ist ein regelmässiger Gottesdienstbesuch möglich, wenn die Leute im Jahr drei Monate auf ihrer Datscha leben, wo sie ihre Grundnahrungsmittel anbauen?

Stellvertretend für viele Erlebnisse hier ein Bericht von Bischof Bleckenwegner aus Österreich, den er mir erst nach ausdrücklicher Aufforderung meinerseits zukommen liess.

Der Stammapostel war in Moskau, Scheremetjewo I, gelandet, um dann weiterzureisen. Das nützte ich für eine kurze Begegnung. *„Ich wünsche Ihnen viel Segen! Nehmen Sie viele Seelen ins Werk Gottes auf!"*

Damals war von den russischen Priestern der Aufbau des Werkes Gottes in den Hauptstädten der zum Arbeitsgebiet gehörenden Teilrepubliken vorgeschlagen worden. Es waren Länder und Städte, aus denen keine einzige Kontaktadresse bekannt war. Nach Joschkar Ola – das ist die Hauptstadt der Teilrepublik Mari El - wurde deshalb ein Diakon mit dem Auftrag gesandt, einen Saal zu mieten und in eine der Lokalzeitungen eine Informationsveranstaltung der Neuapostolischen Kirche mit anschliessendem Gottesdienst, gehalten durch einen Bischof aus dem Ausland, anzukünden.

Nun machte ich mich mit 3 Priestern und 1 Übersetzerin auf den 7 Autostunden langen, winterlichen Weg von Nischnij Nowgorod nach Joschkar Ola. Mit grosser Begeisterung und der Überzeugung, durch die Segenswünsche des Stammapostels seien bereits alle Wege frei, erreichten wir die Stadt.

Doch hier sah alles anders aus. Während das Aussenministerium Russlands mitteilte, Städte, in denen man übernachtete, im Visum nicht mehr aufgeführt werden müssen, drang diese Botschaft noch nicht zu den Behörden dieser Stadt durch. *„Moskau ist eben weit entfernt."* Das hiess, dass ich keine Erlaubnis hatte, in der Stadt zu übernachten. Erst nach einer Stunde zähen Verhandelns mit der Staatspolizei willigte die Hoteldirektion doch noch ein und stellte ein Zimmer zur Verfügung.

Während der Verhandlungen im Hotel bereiteten die mitreisenden Priester den gemieteten Saal vor und mieteten ihn auch noch für einen weiteren Gottesdienst. Noch vor der Informationsveranstaltung gingen sie zur Redaktionen der Lokalzeitung, um den neuen Termin wieder bekannt zu geben. Der Saal befand sich in einem Kulturhaus, in dem täglich eine Vielzahl verschiedener Veranstaltungen parallel stattfinden.

In der Redaktion erfuhren die Brüder, dass die erste Information von der Staatspolizei verboten worden war und bekamen das Geld zurück, das der Diakon für die Annonce bezahlt hatte. Inzwischen war auch ich im Kulturhaus angekommen und begegnete dort den völlig enttäuschten Brüdern. Die Tatsache, dass niemand in der Stadt eine Einladung bekommen hatte und keiner von der Informationsveranstaltung wusste, wirkte auf alle lähmend.

So war also niemand informiert und fünf Missionsarbeiter befanden sich in einem übergrossen, nicht geheizten Saal. Ein hergerichteter Altar war mit Blumen geschmückt, auch ein Abendmahlsgefäss und eine Bibel lagen auf dem mit einem weissen Tischtuch bedeckten Tisch bereit. In drei Minuten sollte die Veranstaltung beginnen. Im Saal herrscht gähnende Leere. Man war ja an Widerstände und Schwierigkeiten gewöhnt, aber diesmal hatte doch der Stammapostel auf einen besonderen Segen hingewiesen.

Ich ging nun auf die Bühne, setzte mich auf einen Stuhl neben dem Altar um noch einmal zu beten: *„Lieber Vater, wenn du mich lieb hast, dann sende wenigsten EINEN Gast, damit die Brüder erleben, wie sich der Segen des Stammapostels auswirkt …"*

Ich hatte das Amen noch nicht ausgesprochen, hörte ich Schritte, nein ein Getrampel…

Was war geschehen? Im Nebenraum war für 10-jährige Kinder ein Ballett-Kurs angesagt. Russische Eltern legen viel Wert darauf, dass Ihre Kinder diesen Volkssport beherrschen und bringen sie regelmässig zum Unterricht. So geschah es auch an diesem Abend. Die Kursleiterin musste aber dringend woanders hin, obwohl die Eltern mit ihren Kindern schon im Kulturhaus waren. Sie entschuldigte sich bei den Eltern und empfahl ihnen, im Nebensaal die Informationsveranstaltung der Neuapostolischen Kirche zu besuchen, damit sie nicht vergeblich den teilweise weiten und beschwerlichen Weg zum Kulturhaus zurückgelegt hätten. Das sei sicherlich interessant, denn dort sei auch ein Ausländer (was für die Bevölkerung damals eine Sensation war). Eltern mit Kindern betraten den Saal, dazu kam noch ein Aufseher der Behöre mit grauem Anzug und roter Krawatte. Insgesamt sassen dann 60 Personen im Saal.

Mit Stolz erklärte ich den Anwesenden, was ein Apostel Jesu ist. Ich verwendete dazu den Vergleich mit einem russischen Botschafter im Ausland. Dieser Botschafter habe von der Regierung in Moskau verschiedene Aufträge zu erfüllen, er habe im Auftrag der Regierung auch das Recht zu entscheiden, ob jemand der nach Russland reisen will, diese Erlaubnis bekomme oder nicht. Eine solche Erlaubnis heisst Visum. Dann nahm ich meinen Reisepass mit dem Visum aus der Rocktasche und zeigt den Anwesenden die Unterschrift des russischen Botschafters in meinem Visum und bemerkte: weil der Botschafter unterschrieben hat, habe niemand dass Recht mir die Einreise zu verbieten. Daraufhin verliess der Herr mit dem grauen Anzug und der roten Krawatte den Saal. ...

Aus diesen Anfängen entwickelte sich am Ort eine schöne Gemeinde.

Reizwort Auserwählung

In einem Gottesdienst sagte ich einmal *„Auserwählung ist für viele ein Reizwort“*. Ich stehe bis heute zu diesem Ausspruch. Was meinen denn die Worte Jesu: *„Denn viele sind berufen, aber wenige sind auserwählt“!?* (Matthäus 22, 14). Oder gleich darauf (Matthäus 24, aus Vers 22): *„Und wenn diese Tage nicht verkürzt würden, so würde kein Mensch selig werden; aber um der Auserwählten willen werden diese Tage verkürzt!“* War das Volk Israel nicht von Gott selbst auserwählt? Und was sagt denn Petrus vom auserwählten Volk, das zuvor nicht sein Volk war, aus allen Völkern, Sprachen und Zungen…? (siehe 1. Petrus 2, 9.10)

Hier höre ich mit Bibelzitaten auf, denn sonst kommen solche seitenlang daher! Haben sich Jesus und vor und nach ihm unzählige andere einfach versprochen oder geirrt? Ist der Allmächtige ungerecht oder parteiisch? Oder sind dies einfach Übersetzungsfehler? Wagt sich das Geschöpf wirklich, sich über den Schöpfer zu stellen, der doch einmal verlauten liess, dass er selbst wachen würde über sein Wort, dass er es tue?

Ich meine, die vielen Berufenen wären alle auserwählt, wenn sie die Berufung erst erkennen und festmachen würden. Aber Gott winkt nicht mit dem Zaunpfahl! *„Ja wie und wo sollten denn Milliarden von Menschen diese Berufung und Erwählung durchleben können, die nie etwas von Christus gehört haben“*? Eine berechtigte Frage. Man lese einfach wieder mal eingehend den Sendungsbefehl Jesu an seine Jünger und späteren Apostel! Einfachere Erklärungen gibt es wohl kaum. Man lese auch vom Friedensreich, in dem allen Menschen das Evangelium nahegebracht werden soll.

Aber auch hier wird behauptet, dass gewisse Passagen Fälschungen seien und an irgendwelchen frühen Konzilen (Konstantinopel oder Nicäa?) hinzugefügt wurden. Interessant ist dabei aber, dass bei jenen Konzilen gar keine lebenden Apostel mehr teilnahmen.

Nun, es gab und gibt zu allen Zeiten Auserwählte, auf den verschiedensten Gebieten der Künste, der Medizin, der Wohltätigkeit. Nur ausgerechnet auf religiösem Gebiet soll oder darf dies heute nicht mehr sein? Man überlege sich dies doch einfach mal mit etwas göttlicher Logik, denn wahrhaftig: In der Bibel kommen die Begriffe „auserwählt" und „Auserwählte" im Alten und Neuen Testament vor! Eine Bibelstelle sei hier erwähnt: *„Sollte Gott nicht auch Recht schaffen seinen Auserwählten, die zu ihm Tag und Nacht rufen, und sollte er's bei ihnen lange hinziehen?* (Lukas 18, 7) und zwar zur „letzten Zeit", in der sonst niemand selig werden könnte. Somit waren nicht nur Noah, Abraham, Moses, die Propheten, ja das Volk Israel Auserwählte; nein: es muss solche wohl auch „in der letzten Zeit" geben.

Sind dies wirklich Übersetzungsfehler, oder nachträglich hinzugefügte Passagen? Allmählich würden diese dann doch etwas zu viel, oder nicht?

Vielleicht ist es noch erwähnenswert, dass sogar im Koran, dem heiligen Buch des Islam, in der Sure „Der Tisch", unter anderem zu lesen ist: *„Wenn das Volk der Schrift glaubte und gottesfürchtig wäre.... Wahrlich, wir führten sie in die Gärten der Wonne. Und so sie erfüllten das Evangelium und was ihnen von ihrem Herrn hin-*

ab gesandt ward, wahrlich, sie speisten von dem, was über ihnen und unter ihren Füssen! Unter ihnen ist eine Gemeinde, welche die rechte Mitte inne hält!"

Zufall? Vielleicht; vielleicht aber auch nicht!

Zudem kommt ja die Zeit, dass Gott allen Menschen helfen will und sie zur Erkenntnis der Wahrheit führt. Also selbst denen, die keine Ahnung von ihm hatten und haben. Lassen wir ihn doch einfach seinen Erlösungsplan durchführen. Letztlich kann sich nämlich niemand selbst helfen.

Ist also „Auserwählung" wirklich ein Reizwort!? Liegt das Problem nicht eher darin, dass die „Auserwählten" sich wie „Auserwählte" verhalten sollen – nämlich zu Gott rufen Tag und Nacht? Das heisst eigentlich nichts anderes, als dass die „Auserwählten" sich bemühen sollen, ihr Leben nach Jesus Christus auszurichten und in der Naherwartung auf seine Wiederkunft zu stehen.

Es gibt noch weitere Reizwörter. Spricht man heute beispielsweise vom „Werk Gottes", und meint damit seine Kirche, läuten viele Alarmglocken. Warum denn? Darf man dies nicht so sehen? Auch „Stammapostel" oder „Brautgemeinde des Herrn" sind für viele Reizworte. Religionsfreiheit besagt allerdings, dass *ich* das so sehen und sogar so sagen darf. Selbstverständlich lasse ich jedem Menschen die Freiheit, das völlig anders zu sehen.

Zum Begriff *„Auserwählung“* hier noch eine alte Geschichte, die ich von Bezirksapostel Ernst Graf erhielt:

Mein Vater und auch mein Schwiegervater zählten am Anfang der dreissiger Jahre zu der Schar junger Glaubensbrüder, die mit ihren Fahrrädern oft von Zürich-Oerlikon nach Erstfeld (immerhin um die hundert Kilometer hin und ebenso viele wieder zurück) radelten, um dort Zeugnis unseres Glaubens zu bringen. Später wuchs dort, also im katholischen Kanton Uri, eine kleine Gemeinde heran. Nach einigen Jahren erhielt diese junge Gemeinde ihren ersten einheimischen Vorsteher, Priester Brückner. Mein Vater und mein Schwiegervater erzählten mir viele Jahre später Begebenheiten, wie Gott durch die damalige Gabe der Weissagung[7] hie und da wirkte, und so auch in jener Gemeinde eine gar wunderliche Auserwählung vornahm.

Die Kollegen von Brückner aus früherer Zeit, ehe dieser neuapostolisch wurde, hörten nun, dass dieser in der Sekte der „Neuapostolen“ predigte. Dem wollten sie eine Überraschung bereiten, die er nicht so schnell vergessen sollte. So kamen drei seiner alten Freunde, jeder mit einer Flasche Bier in der Jacke versteckt, am

---

[7] Damals pflegten im Gottesdienst plötzlich Glaubensschwestern oder Glaubensbrüder aufzustehen, und äusserten eine Weissagung

Mittwochabend in den Gottesdienst. Der Türhüter war hocherfreut, gleich mal drei ungeladene Gäste auf einmal begrüssen zu können. Der Plan der drei aber war, während der Predigt die Flasche Bier hervorzuholen, um damit dem alten Trinkkumpanen zuzuprosten. Dem jungen Priester Brückner wollte fast das Herz stillstehen, als er, an den Altar tretend, seine alten Kollegen sah. Er vermutete und ahnte nichts Gutes von ihnen, und rang im Gebet mit dem Herrn, er möge ihm doch beistehen. Nach dem Eingangsgebet weissagte eine Schwester: *„Den Dritten habe ich mir zu meinem Dienst auserwählt; die beiden anderen habe ich verworfen!“* Kaum jemand verstand, was diese Worte bedeuten sollten. Aber das war mehr die Regel als die Ausnahme mit der Gabe der Weissagung damaliger Zeit.

Es kam, wie es kommen musste, wenn der liebe Gott Einhalt gebietet. Die drei kamen nicht „zu ihrem Zug“ und schlichen leise wieder von dannen. Jetzt aber kam das Wunder Gottes an dieser Begebenheit: Der „dritte Mann“ wurde später in die Gemeinde aufgenommen und versiegelt! Die beiden anderen spotteten weiter über diese Sekte. Und der Name des „dritten Mannes“ ist Albert. Er war der Vater des späteren Apostels Luigi Albert in Lugano.

Soweit der Bericht von Ernst Graf. Ich sprach kürzlich mit Apostel Albert über diese Zeiten. Er ergänzte dann diese Erzählung noch mit nachstehender Begebenheit:

Vater Albert zog mit seiner grossen Familie von Erstfeld nach Ascona (heute einer meiner beliebtesten Urlaubsorte) in das Tessin, also vom Norden in den Süden. Dort, in Ascona, in sehr grossen Schwierigkeiten wegen Rezession und Arbeitslosigkeit, besuchte die Familie die Gottesdienste in Lugano, der einzigen kleinen Gemeinde im Tessin.

Wer sich in der dortigen Geografie auskennt, weiss um die Opfer, die allein der Weg abforderte; geschweige denn, als einzige Neuapostolische weit und breit dort zu leben. Der kleine Luigi konnte mit ein paar Batzen wieder mal beim Bäcker ein Brot kaufen. Er stand auf der Piazza bei der alten Kirche von Ascona, als in deren Turm ein Blitz einschlug. Krachend und polternd kamen Teile des oberen Kirchturmes samt Glocken wie Geschosse auf den Platz. Luigi stand mit aufgespanntem Regenschirm mitten auf dem Platz und rührte sich nicht vom Fleck, obschon alles um ihn herum schrie, er solle weglaufen. Grosse Ziegelsteine vor und hinter ihm, ja auch an seiner Seite, schlugen wenige Zentimeter von ihm entfernt auf den Boden. Es war ein einziges Wunder, dass der kleine Junge nicht totgeschlagen wurde.

Warum wohl nicht? Ich denke, der ewige Gott wusste damals schon ganz genau, was dieser kleine Knirps einmal werden sollte: Ein Werkzeug in seiner Hand für den weiten Süden!

Wenn das so weitergeht

Wenn das so weiter geht… Stammapostel Schmidt wurde zu seiner Amtszeit mal gefragt: „*Wenn das so weitergeht, wer wird denn am Tag des Herrn überhaupt noch dabei sein?*“ Er hat geantwortet: „*Das kann ich Ihnen mit einem einzigen Begriff sagen: Die Braut!*“

Stammapostel Streckeisen, in dessen vergleichsweise kurzen Amtszeit unsere Kirche weltweiten Aufschwung nahm, hat mal gesagt: „*Wenn das so weitergeht, wo sind wir denn in zwanzig Jahren?"* Er meinte damit nicht das schöne Wachstum, sondern die Entwicklung der Verhältnisse allgemein. Und das war vor über dreissig Jahren!

Zu meiner Amtszeit wurde in einem Nachfolgestaat der früheren Sowjetunion, in dem bereits einige Gemeinden mit einer Handvoll örtlicher Amtsträger entstanden waren, vom Staatsoberhaupt verfügt, dass keine ausländischen Missionare mehr ins Land gelassen würden. Nach eingehenden Verhandlungen wurde wenigstens dem zuständigen Apostel von Fall zu Fall erlaubt, mal einzureisen. Wir sahen eigentlich schon das Ende aller Bemühungen und der Arbeit dort. Wir fragten uns bange: *„Wenn das so weiter geht..."* Da nun in keiner einzigen Gemeinde mehr Unterstützung von auswärts kam, wuchsen aber die örtlichen Brüder über sich selbst hinaus, übernahmen Verantwortung, hielten Gottesdienste, die Gemeinden wuchsen weiter und neue wurden gegründet!

So las ich kürzlich, wie in einem der Foren genüsslich Zahlen veröffentlicht wurden, wonach in unserer Kirche der Bestand an Amtsträgern, vor allem in Europa, stets zurück geht. Man sah wohl schon mit etwas Schadenfreude den baldigen Untergang der Neuapostolischen Kirche heraufziehen. Leider ist die Zahl rückläufig, unbestritten. *„Wie das denn nun wohl weiter geht"?* Ich beschränke mich dazu auf das Zitat aus einem alten Lied:

Die Sach' ist dein, Herr Jesus Christ,
die Sach', an der wir steh'n!
Und weil es deine Sache ist
Kann sie nicht untergeh'n!

Ich erlebte manchmal in meiner 44jährigen Amtstätigkeit, dass Gott auf gar keinen Menschen angewiesen ist. Er hat, wenn nötig, immer neue Wege und Ersatz. Aber wie schön ist es, wenn jeder Mitarbeitende denkt und entsprechend handelt: Der Herr brauchte mich nicht, aber weil er mir gerufen hat, so diene ich mit Freuden.

Problemchen

Probleme, die eigentlich gar keine waren! – Ein Problem, das eigentlich keines war, ist beispielsweise das wohl eher westliche Thema des Ruhestandsalters. Über Jahre und Jahrzehnte wurde hin und her philosophiert – 65, 70 Jahre, oder sollte man (zumindest als Stammapostel) gar lebenslang aktiv bleiben? Aus einer globalen Sicht stellt sich dieses Problem an vielen Orten überhaupt nicht. Warum? Nun, in Indien liegt die Lebenserwartung zurzeit für Frauen und Männer bei 62 Jahren, in Afrika für Frauen bei 54 und für Männer bei 52 Jahren.

Hinzu kommt in solchen Regionen, dass der Einzelne bezüglich seines eigenen Alters oft selbst nicht so genau Bescheid weiss. Schnell sind da ein paar Jährchen mehr oder weniger zusammen. Diese Situation machte sich übrigens der Bezirksapostel von Sambia, Simbabwe und Malawi, Andrew Fernandes (1917-1989) zunutze. Wieder einmal hatte er an die 30 oder 40 Bezirksämter beieinander. Er merkte, dass diese verdienten Männer nun wirklich langsam etwas „alt wurden", vielleicht nicht an Jahren, aber in ihrem ganzen Denken und Handeln. So fragte er: *„Wie alt seid ihr eigentlich?"* Keiner kannte sein genaues Alter, keiner wusste um sein Geburtsdatum, wie das in Afrika eben oft der Fall war. Geburtstage wurden vielfach auf Weihnachten oder Neujahr angesetzt, da man sich diese Daten am besten merken konnte. Aber ob diese stimmten? Darauf meinte Andrew: *„Gut, ich sage euch, wie alt ihr seid! Morgen werdet ihr alle 65 Jahre alt, und ich versetze euch alle in den „wohlverdienten" Ruhestand.*" Nun, man könnte seine Handlungsweise natürlich diktatorisch, brutal und grundfalsch nennen. Allerdings gab ihm der künftige Erfolg recht. Die Kirche ist in jenem Land heute auf etwa eineinhalb Millionen Mitglieder angewachsen, was vielleicht unter „der alten Garde" nicht möglich gewesen wäre.

Ein anderes Problem, das leider in manchen Kreisen immer noch ein Thema zu sein scheint, ist das

Verbot von Fernsehgeräten. Ein offizielles Verbot von Seiten der obersten Kirchenleitung gab es meines Wissens nie. Dass in verschiedenen Gebietskirchen solche Verbote ausgesprochen wurden, ist mir ebenso bewusst. Dadurch wurden da und dort sicher auch Härtefälle geschaffen. Ob das Fehlen eines Fernsehgerätes in einem Haushalt allerdings zu schweren Störungen in der Persönlichkeitsentwicklung des Menschen führt, wage ich zu bezweifeln. Geht man online und schaut ins Internet, findet man heute doch auch viele Hinweise auf Gefahren. Stammapostel Bischoff, (Kirchenoberhaupt von 1930 - 1960) habe schon gesagt, dass dieses Gerät seines Wissens mindestens *zwei* Bedienungstasten habe; eine zum Einschalten und eine zum Ausschalten.

Am Beispiel des Fernsehens zeigt sich aber ein Grundproblem des menschlichen Wesens: Jede Führungskraft bringt eine „persönliche Fārbung“ in ihrer Weltsicht mit, die dazu führen kann, dass man „Vorgaben“ enger oder weiter auslegen kann. Das ist menschlich. In der Kirche sollten alle Amts- und Funktionsträger in dieser Hinsicht besonders aufmerksam und selbstkritisch sein. Der „schmale Weg“ (siehe Matthäus 14, 7) sollte durch persönlich gefärbte Auslegung Einzelner für die Gläubigen nicht „schmaler“ gemacht werden, als er schon ist. Allerdings darf er auch nicht „breiter“ gemacht werden. Dass hier in die eine oder andere Richtung auch in der Zukunft hin und wieder „übers Ziel hinausgeschossen“ wird, ist wohl nie ganz zu vermeiden.

„Dauerbrenner“ waren auch Rauchen, Miniröcke und Hosenanzüge der Frauen, zu lange Haare bei Männern, Bücher im speziellen und allgemeinen, Kino, Konzert, Oper und so weiter!

Es bleibt ein kleiner Trost: Unsere Kirche war damals in guter Gesellschaft mit anderen christlichen Bekenntnissen, die sich mit solchen Dingen ebenfalls schwer taten. Ich will damit keinesfalls bagatellisieren, dass doch Etliche durch zu strenge Kirchenzucht innerlich Schaden erlitten haben und bis heute damit kämpfen. Persönlich erstaunt mich aber doch immer wieder, wie manche Menschen an solchen Dingen zerbrechen, während andere in derselben Situation auch leiden, aber dennoch nicht Schaden nehmen. Sicher gilt: Durch Verwundungen entstandene Narben bleiben. Ich wünsche aber jedem, dass entstandener Schmerz mit der Zeit verschwinden kann.

Auf meinen weltweiten Reisen lernte ich riesige Unterschiede zu respektieren. Stammapostel Urwyler hatte schon recht, als er das Wort prägte: *„Im Werke Gottes ist es auf der ganzen Welt gleich, nur überall ganz anders!“* Gibt man zum Beispiel in Japan ein Trinkgeld, so beleidigt man damit sein Gegenüber. In den USA fragt der Kellner nach einem Zehn-Prozent-Trinkgeld: *„Ist etwas nicht in Ordnung gewesen?“* Trinkt man als Apostel mit einem Hindu ein Glas Wein, so ist dieser vermutlich entsetzt und gibt möglicherweise sofort wieder den Austritt aus so einer Kirche. Trinkt man hingegen in Russland nach einem originellen Trinkspruch nicht ein Glas Wodka mit, so kann man wohl künftig alle weitere Missionsarbeit vergessen. Wie sagte Paulus: Dem Grieche ein Grieche, dem Römer ein Römer usw., auf dass ich …*"möglichst viele gewinne!"* (siehe 1. Korinther 9, 19). Und ich denke, die Welt ist heute noch etwas komplizierter und vielfältiger geworden, als zu Zeiten des Apostels Paulus.

Fanatismus

Glaube ohne Liebe schafft Fanatismus – diesen Satz hat man sicher schon dann und wann gehört. Wie wahr! Eine Begebenheit aus der Zeit, als ich als Priester diente, soll dies belegen. Ich lebte in einem Wohnblock Tür an Tür mit einem weiteren Priester und wir pflegten ein schönes, offenes und unverkrampftes Verhältnis. Später hat mich dieser Priester dann in meinen Vorsteher-Aufgaben abgelöst, als ich ins Bezirksamt gerufen wurde. Nun, wir beide waren Fan von klassischer Musik, vor allem auch von Opern. So hörten wir Schallplatten, die Oper „Martha“ von Lorzing etwa, bis zum „geht-nicht-mehr“. In die Oper, damals?

Wer wagte denn so was? Ob wir es dennoch wagten? Darüber schweigt des Sängers Höflichkeit.

In jenen Tagen kam aus Holland ein Glaubensbruder in unsere Gemeinde zu Besuch. Im Vergleich zu uns war er recht wohlhabend. So meinte er ganz lakonisch: *„Das, was ihr als Lohnempfänger verdient, zahle ich allein an Steuern".* Dieser Mann war auch in einer Weise neuapostolisch, die wir in der Schweiz als „einhundertfünfzigprozentig" zu bezeichnen pflegen. Eines Abends, bei schönen Gesprächen, legte mein Freund die Schallplatte mit der Oper „Martha" auf. Entsetzt meinte jener Glaubensbruder: *„Wie kann man nur an solch weltlichen Dingen Gefallen haben? Es geht doch bei uns um ganz andere Werte..."*

Wir sahen uns nur still und betroffen an. Nun, die Zeit verging, der Mann ging zurück nach Holland. Wir hörten nach zwei oder drei Jahren, dass er der Kirche leider den Rücken gekehrt hatte.

Was will ich mit dieser Anmerkung sagen? Es liegt an jedem einzelnen Mitglied unserer Kirche, einfach „nur" hundertprozentig und damit auch realistisch seinen Glauben zu leben. Aber bleiben bis zuletzt! Fundamentalismus bringt nichts, aber treue Nachfolge bis zuletzt bringt uns an das Ziel unseres Glaubens!

Wohin, christliches Abendland?

Christliches Abendland wohin? – Diese Frage stellen sich heute viele Menschen. Ich möchte hierzu auf ein Sachbuch verweisen, das sich mit der römischen Geschichte befasste[8]. Im dortigen Schlusswort heisst es (Zitat):

Rom ging sang- und klanglos unter. Es wurde nicht wie Hellas besiegt, zerfetzt, verschlungen; es verunglückte nicht in einer Kurve, es prallte mit niemand zusammen, es stürzte nicht ab und bekam einen Herzschlag. ***Es***

---

[8] Joachim Fernau: „Cäsar lässt grüssen – Die Geschichte der Römer. Herbig, 2000.

verfaulte! Man hätte es retten können. Aber man gab ihm Opium, statt zu schneiden. Hören Sie, was Ruinen, Säulenstümpfe auf dem Forum Romanum rufen? ***Schönen Gruss an die Enkel!***"

Soweit das Zitat! Und genau diesen „Enkeln" des 21.Jahrhunderts gilt die Warnung: Handelt nicht ähnlich. *„Gebt dem Volk Brot und Spiele",* dieses bekannte Wort eines römischen Kaisers, genügt einfach nicht. Es braucht mehr: nämlich eine göttliche Ordnung. Und soweit dies heute möglich ist, auch eine Antwort auf die Frage: Woher kommen wir, wozu sind wir hier, und wohin gehen wir!

Humor

Nicht immer fröhlich sind, die fröhlich scheinen,

ich habe oft gelacht, um nicht zu weinen!

Manche haben mir einen gewissen Mutterwitz, einen leichten und gar manchmal etwas sarkastischen Humor zugestanden. Das ist wohl so. Dabei ist Humor bekanntlich, wenn man trotzdem lacht; vor allem auch mal über sich selbst!

Selbst in unserer früher ach so strengen Kirche gab es bereits manch leisen, versteckten oder gar köstlichen Humor. Deshalb: Lasst uns doch, anstatt uns zu ärgern, auch mal lachen über menschliche Kleinkariertheit, engstirniges Denken, persönliche Weltverbesserungsgedanken, die manchmal nahezu zum „Evangelium“ hochstilisiert wurden. Das geschah überall und in allen Epochen, ja dies geschieht auch heute noch und wird geschehen, solange es Menschen gibt! Aber über allem war und ist der Grundgedanke ausschlaggebend, dem Herrn und seinem Werk zu dienen.

Ich bedaure Menschen ohne Humor. Sie machen sich selbst und anderen damit nur das Leben schwer. Ich wünsche deshalb jedem die Möglichkeit, mit einer Prise Humor und mit etwas Grosszügigkeit seines Weges zu ziehen!

Manchmal brachte ich von Reisen ein kleines Mitbringsel nach Hause. Oft ein Konterfei von mir selbst, in allen Varianten – aus Mosaik, in Öl, in Pastell, Aquarell, einmal sogar aus Vogelfedern. Das Vogelfedernbild war eigentlich ein kleines Kunstwerk. Aber ich erinnerte mich dabei an eine Reaktion, die Papst Johannes XXIII zugeschrieben wird, als er ein Bild mit seinem Porträt in Öl erhielt. Er schrieb darunter *„Johannes 6, Vers 20: Ich bin's; fürchtet euch nicht!“*

Viele Leser werden sich an meinen ersten Pfingstgruss zum Amtsantritt als Stammapostel erinnern: „Maran atha – unser Herr kommt!“ (siehe 1. Korinther 16, 22). In einer Gemeinde soll ein Priester, als er bemerkte, wie langsam die Aufmerksamkeit schwand, plötzlich gerufen haben: *„Wie unser Stammapostel sagte: Caramba,* *unser Herr kommt!"* Nun – „Caramba" ist eigentlich ein starkes spanisches Schimpfwort, das etwa mit „Donnerwetter" oder „Heiliger Strohsack" übersetzt werden könnte. Und ein anderer soll im Gottesdienst gesagt haben: *„Maradona, unser Herr kommt!"* So kam der weltberühmte Fussballstar und heutige Trainer der argentinischen Nationalmannschaft auch in einem Gottesdienst zu „besonderen" Ehren. Darüber könnte man sich natürlich ärgern! Aber warum denn? Sind es nicht auch mal solche Versprecher, die uns den Nächsten sympathisch machen? Interessanterweise bleiben diese Geschichten den Gläubigen weit besser im Gedächtnis haften, als die „ganz normale" Wortverkündigung.

In der gemütlichen schwäbischen Strassenbahn in Stuttgart begegnete eine Glaubensschwester ihrem Apostel Schall. Sie rief voller Freude und laut über alle Fahrgäste hinweg: *„Grüss Gottle, lieber Aposchtel!"* Er: *„Ha, Schweschter, wie geht's denn häit?" – „Ach wissen Se, wie's in einem unserer scheenen Lieder haisst: Aufwärts, abwärts, himmelan!"*[9]

Es gab Apostel mit gesundem und treffendem Humor. Ob man dies nun wahrhaben will oder nicht. Einfach zur rechten Zeit und am rechten Ort.

---

[9] Das Lied heisst richtig: ‚Vorwärts, aufwärts, himmelan…"

In einer Apostelversammlung sagte ich einmal (ausser Protokoll): *„Wie oft hört man: «Der Stammapostel hat gesagt...» Und dabei hat er solches gar nicht gesagt oder es wurde falsch verstanden. Also Männer“*, fuhr ich fort: *„Da kommt ein General zum Oberst und sagt: «Um drei Uhr inspiziere ich die Truppe.» Der Oberst gibt sicherheitshalber den Befehl an den Major weiter: «Um zwei Uhr inspiziert der General die Soldaten». Der Hauptmann «um ein Uhr», der Leutnant «um zwölf Uhr», der Korporal «um elf Uhr» und so weiter. Die Truppe wartet stundenlang auf den General und denkt: «Der spinnt; warum lässt er uns so lange warten?» Dabei sind die ‚kleinen Generäle' schuld!“*

Schallendes Gelächter, interessanterweise gerade von denen, die es wohl am ehesten anging, als ich meinte: *„So bin ich manchmal dieser General, und ihr die etwas kleineren Offiziere!“* Vielleicht hat nachher der eine den anderen gefragt, ob er den tiefen Sinn begriffen hat? Jedenfalls: Beleidigt war zumindest niemand direkt. Und vielleicht hat es sogar etwas geholfen.

Apostel Hermann Hänni aus der Schweiz war ein Meister des Wortes. Zudem war er klein gewachsen und tröstete sich mit Napoleon und anderen kleingewachsenen Grössen. Weit herum bekannt war auch sein Schalk und sein Witz. Einmal war er mit Stammapostel Streckeisen in Leipzig-Mitte und wurde zum Mitdienen gerufen. Der Altar dort war sehr hoch gebaut und überdies mit Blumenschmuck etwas überladen. Kurz: Man sah den Apostel nicht, und er sah die Gemeinde nicht. Da geht er also zum Altar mit der Bemerkung: *„Geschwister, Lügen haben kurze Beine, und der Hermann Hänni auch! Seht ihr mich?“*

Beim Dienen, ganz im Eifer, erwähnte er ein Wort Jesu, nahm dazu seine Brille von der Nase und meinte: *„Da nahm der Herr Jesu seine Brille ab und sagte: Solchen Glauben habe ich in Israel nicht gefunden!“* Der Stammapostel hat ihn nachher ganz leise lächelnd und unter vier Augen gefragt: *„Hermann, sag mal, hat der Herr Jesu zu jener Zeit wirklich eine Brille getragen?“*

Als ich viele Jahre später, selbst in Leipzig, diese Episode im engen Kreis erwähnte, wussten alle noch davon. Textwort und Inhalt des Gottesdienstes hingegen waren längst vergessen!

Als junger Bezirksapostel musste ich über den Humor von Apostel Hänni oft lachen. So verordnete ihm der Arzt Pillen und Tabletten gegen und für dies und jenes. Er nahm diese dann alle in die Hand, eine weisse, eine grüne, eine rote, eine blaue und so weiter. Lakonisch meinte er dann: *„So, ich hoffe doch sehr, dass jede von euch weiss, was sie zu tun hat. Auf eure Plätze, bereit: Fertig, los!“* Und dann schluckte er die ganze Tagesration zusammen hinunter und spülte nach

– nicht mit Wasser! Und heute? Heute nehme ich auch Tabletten in verschiedenen Farben für und gegen dies und das – aber *nur* mit Wasser!

Bischof Karl Gut aus Südafrika berichtete mir erst kürzlich eine kleine Episode mit Hermann Hänni in Südafrika. Bei einem Abendessen stand auf der Speisekarte: „Spaghetti“! Hermann Hänni meinte: *„Das möchte ich!“* Karl Gut aber erwiderte besorgt: *„Lieber Hermann, das hier sind keine Spaghetti wie Du sie kennst. Die kommen vermutlich ausgerechnet aus England, und zwar in einer Konservenbüchse!“* Darauf Hermann, einfach unbelehrbar: *„Ich will aber jetzt endlich wieder einmal Spaghetti!“* Sie kamen, und wirklich schlupften sie aus einer Büchse, verkocht und übergossen mit einer fürchterlichen Tomatensauce. Hermann Hänni meinte dann bei näherer Betrachtung in Anlehnung an bekannte Jesuworte lakonisch: *„Wahrlich, wahrlich, ich sage euch, solche Spaghetti habe ich noch nie gesehen…!“*

Auch von und mit dem neuapostolischen Liedgut gibt es viel Amüsantes zu berichten. Hier nur ein Müsterchen. Oft sang der Chor das schöne Lied: „Mach mich reiner, immer kleiner…“ Dabei weinte immer ein kleiner Junge. Als man ihn fragte, warum er bei diesem Lied denn weine, meinte er: *„Ich heisse doch Rainer, und ich will nicht immer kleiner, sondern grösser werden!“*

Es lag Jahre zurück in Süddeutschland. Damals gab es noch keine Gottesdienstpläne, in denen in jeder Gemeinde zu jedem Gottesdienst der Dienstleiter eingeteilt war. So schrieb der zuständige Bischof einem Vorsteher mit einer Postkarte: *„Ich habe im Sinn, am übernächsten Sonntag ihre Gemeinde zu besuchen. Allerdings ist es noch nicht ganz sicher, ob ich kommen kann.“* Der Vorsteher schrieb zurück: *„Lieber Bischof, wenn Sie kommen, so freuen wir uns; und wenn Sie nicht kommen, so freuen wir uns auch“!*

Stammapostel Niehaus war Kirchenoberhaupt von 1905 - 1930. Deshalb hier auch zwei kleine Episoden aus Westfalen. Der Bruder des Stammapostels war Bezirksältester und mit seiner Frau Erika glücklich verheiratet. Doch eines Morgens hatten sie eine kleine Meinungsverschiedenheit, und er ging, ohne herzliche Verabschiedung und ohne Gruss aus dem Haus in das Gemeindebüro nach Bielefeld. Seine Erika rief ihn dort telefonisch an und sagte: *„Lieber Bezirksältester, ich habe so einen lieben Mann, aber leider ist er heute Morgen ohne Gruss aus dem Haus gegangen. Was soll ich nun machen?“* Der Bezirksälteste hatte natürlich sofort bemerkt, dass es seine Frau war, und meinte: *„Liebe Seele, da rufen Sie doch am besten die Polizei!“* Beide lachten herzlich, und der Hausfrieden war wieder aufgerichtet.

Einmal war der Bezirksälteste war mit dem Fahrrad unterwegs, als er sah, wie ein ihm bekannter Bauer auf der Wiese bei seinem Pferd stand, welches eben zuvor durch einen Schlag tot vor ihm zusammengebrochen war. Von der anderen Seite kam ebenfalls auf dem Fahrrad der Pastor aus Steinhagen. Der Älteste und der Pastor begrüssten sich freundlich und schritten gemeinsam zum traurigen Bauern, um ihr Mitempfinden zu dem Verlust seines Pferdes auszusprechen. Dieser meinte dann: *„Dass ich ein wertvolles Pferd hatte, das wusste ich wohl. Aber dass zu seinem Tod gleich zwei Geistliche kommen, das konnte ich nicht erahnen!“*

Mein Vorgänger im Bischofsamt, Bischof Gottlieb Ellenberger von Basel, war wohl recht stolz auf seinen starken Haarwuchs. Seine Haarpracht blieb ihm bis ins hohe Alter, als bei vielen anderen schon Halb- und Vollglatzen leuchteten. Er empfing mal in den Sechzigern des vorigen Jahrhunderts auf dem Hauptbahnhof Zürich den Bezirksapostel Karl Weinmann aus Hamburg. Dieser war sichtlich überrascht und erstaunt ob dieser Haarpracht. Kurz entschlossen ging er auf den Bischof zu, griff ihn ins volle Haar und hob ihn mit einem Ruck zehn Zentimeter vom Boden auf. *„Wollte nur mal prüfen, ob dies alles echt ist!“*, meinte Weinmann zum völlig verdatterten Bischof und schritt mit einem herzlichen Lachen davon.

Bezirksapostel Weinmann war übrigens ein begnadeter Redner und Schreiber. Gerne forschte er auch in der Geschichte der alten und neueren Zeit unserer Kirche. Und er predigte lange, manchmal sehr lange. So sah sich der doch eher zurückhaltende Stammapostel Schmidt genötigt, ihn in einem Gottesdienst bei seinem Predigtbeitrag, der bereits mehr als eine Viertelstunde dauerte, an der Jacke zu zupfen, um ihm zu bedeuten, dass er wohl zu einem Ende kommen sollte. Weinmann wandte sich Schmidt zu und sagte sinngemäss: *„Der liebe Stammapostel möge mich allergnädigst entschuldigen, aber ich möchte diesen Gedanken noch zu Ende bringen“*. Und dann dauerte dieser Gedanke wohl nochmals zehn Minuten…

Bezirksapostel Hermann Schumacher, seines Zeichens ein eher „kühles und distanziertes Nordlicht“, hatte zu mir eine wirklich herzliche Sympathie. Kurz: Er war mir sehr zugetan, und ich ihm auch. An einem heissen Sommerabend in Wiesbaden war zum Abendessen am Samstag ein Buffet angesagt unter dem Titel: Europäische kulinarische Reise. Hermann kam auf mich zu und meinte: *„Nun brauche ich deine Hilfe! Du kommst schliesslich in alle diese Länder und weisst Bescheid. Wir in Norddeutschland sind da nicht so ganz instruiert. Was empfiehlst Du mir?“*

Nun, ich schlug in Anbetracht der Temperatur vor, mit einer Gazpacho Andaluz, einer kalten

Gemüsesuppe, zu beginnen. Als Hermann diese Suppe versuchte, meinte er sinngemäss: *„Pfui Teufel, eine kalte Suppe, so was kann man doch nicht essen!“* Ich versuchte ihm zu erklären, dass er im Sommer im heissen Südspanien, wenn die Temperaturen über 45 Grad Celsius kletterten, wohl für eine kalte Suppe dankbar wäre. Trocken meinte er: *„Wir sind aber hier in Deutschland!“* Worauf ich erwiderte: *„Du hast dich auf eine europäische kulinarische Reise eingelassen.“*

In Strasbourg in Frankreich fand in der kalten Jahreszeit eine internationale Bezirksapostelversammlung statt. Am Abend unternahmen wir zur Auflockerung einen kleinen Spaziergang durch die malerische Altstadt. Aber es war wirklich bitterkalt. Bezirksapostel Pablo Bianchi aus Argentinien litt fürchterlich unter der Kälte. Er lief im Gesicht sogar bläulich an und zitterte am ganzen Leib, so dass er schleunigst zurück ins Hotel gebracht werden musste. Und was gab es dort zur Vorspeise? Eine Froschschenkelsuppe! Pablo fragte mich sinngemäss: *„Was ist denn das?* Damals war unter den Bezirksaposteln kein einziger, der Spanisch sprach. Wie sollten wir ihm also erklären, was wir hier zu essen hätten? Ich dachte an das Wort „Animal“, also Tier, das in den lateinischen Sprachen ähnlich tönt. *„Also, Pablo: Animal, macht Quack, quack!“* Mit den entsprechenden Handbewegungen dazu verstand mich Pablo. Im Gegensatz zu draussen, als er blau anlief, wurde er nun grün im Gesicht und rief ganz erschreckt: *„Terrible!“* Entsetzt schob er den Suppenteller so weit wie möglich von sich weg. Er träumte hinterher wohl von einem grossen argentinischen Steak.

Hier abschliessend noch ein letztes Geschichtchen, das ich dem Bischof Arthur Keller, der in Basel und später in Bern wirkte, widmen möchte. Er predigte für damalige Begriffe einfach begeisternd und oft auch in packender Bildersprache. Ich erinnere mich an einen Jugendgottesdienst, in dem er uns Jugendlichen in packender Weise zeigte, dass wir uns nicht am Rande, sondern in der Mitte des Werkes Gottes bewegen sollen. Dazu spielte er mit dem Wasserglas, das auf dem Altar stand. *„Nehmen wir mal an“,* begann er, *„diese Altarplatte ist unsere Kirche! Hier steht das Glas bei der Bibel. Man kann es aber auch einen Meter weiter wegschieben. Alles immer noch schön apostolisch.“* Er schob und schob das Glas bis an die Kante! Alle blickten gespannt auf den Bischof und sein „Spiel“ mit dem Glas, das schliesslich nur noch halb auf der Platte stand und bedrohlich zu wackeln begann. *„Und dann kommt der Teufel, gibt mit dem kleinen Finger noch einen Schubs, und…“* Das Glas fiel scheppernd zu Boden. Diese Demonstration sehe ich heute noch vor mir. Textwort und Inhalt der Predigt sind längst vergessen. Der Bischof hatte leider auch eine Schwäche, auf die ich hier nicht eingehen will. Aber wie heisst es in der Bibel: *„Wer unter euch ohne Sünde ist, der werfe den ersten Stein“* (Johannes 8, 7). Ich hielt für diesen Mann die Trauerfeier. Und mir läuft es heute noch kalt über den Rücken, wenn ich daran denke, wie ich im Auftrag meines Senders Jesus Christus auf alles die Gnade aus seinem Opfer legen durfte.

Auch Versprecher am Altar wurden gerne totgeschwiegen. Vor allem bei unseren doch eher kurzen liturgischen Formeln, – die oft hundert und mehr Mal auswendig gesprochen wurden – kann mal etwas „daneben gehen“, denn wir lesen ja nicht von einem Buch irgendwelche Texte ab. So sprach vor Jahren mal ein Bezirksevangelist bei der Aussonderung des Heiligen Abendmahls statt der damals üblichen Formulierung: *„Ich sondere aus die stumme Kreatur…“ „Nun sondere ich aus diese krumme Streatur…“* Noch nach Jahren erinnerten sich die Gottesdienstbesucher daran. Und genau bei dieser Passage „schwitzte“ dieser Amtsträger jedes Mal aufs Neue!

Ein anderer predigte statt *„Disteln und Dornen soll dir dein Acker tragen“,* mit lauter Stimme: *„Dosteln und Dirnen…“*

Aus *„Sammelt euch Schätze, die weder Rost noch Motten fressen…“* wurde in einem Predigtbeitrag einmal: *„Sammelt euch Schätze, die weder Most noch Rotten fressen…“* Der Bruder erzählte mir, er habe in seiner ganzen Amtstätigkeit dieses Wort der Bibel nie mehr erwähnt, aus lauter Angst, dass es wieder passiert!

Auch mir selbst unterlief manchmal ein Schnitzer, vor allem in anderen Sprachen mit nahezu gleichlautenden Wörtern. In Spanisch sind die Wörter *„Pecados“* (Sünden) und *„Pescados“* (Fische) wirklich nahe beieinander. Und siehe da – in einem Gottesdienst vergab ich der Gemeinde „die Fische“, nicht die Sünden! Aber niemand hat gelacht. Nach dem Gottesdienst meinte jemand schmunzelnd zu mir: *„Man sieht, dass Sie zum Essen keine Fische mögen“!*

Einer meiner lieben Zeitgenossen und Eidgenossen verhedderte sich mal in der französischen Schweiz, als er versuchte, die Absolution in schönstem Französisch auszusprechen. Dazu wollte er formulieren, dass er *„die frohe Botschaft verkündige“,* und wollte wohl *„joyeux message“* ausdrücken, sagte aber anstatt Message *„Massage“*. Wieder lachte niemand! Und das Schöne an der Sache war, dass er selbst von diesem Schnitzer gar nie Kenntnis erhielt.

Schon Martin Luther hat gesagt: *„Wenn Gott keinen Spass verstünde, so möchte ich nicht in den Himmel“*. Das sehe ich ebenfalls so.

Übersetzung mit Tücken

Mit der Globalisierung der Neuapostolischen Kirche wurde es vermehrt notwendig, in Gottesdiensten am Altar Predigtbeiträge aus fremden Sprachen in die jeweilige Landessprache zu übersetzen. Meist übernehmen diese Aufgabe Amtsträger oder auch Glaubensschwestern, die der jeweiligen Sprache mehr oder weniger mächtig sind. Solche Übersetzungen haben natürlich ihre Tücken. Dies auch deshalb, weil die Amtsträger aus Übersee, die zu einem Predigtbeitrag aufgerufen werden, oft in Englisch dienen müssen, obwohl Englisch natürlich auch nicht ihre Muttersprache ist. Damit sind Missverständnisse programmiert.

Ich lasse hier einen Bericht von Bezirksapostel Armin Brinkmann folgen, der die ganze Problematik aufzeigt:

Im Jahre 1983 lud Bezirksapostel Hermann Engelauf einen kleinen sambischen Chor zum Jugendtag nach Dortmund ein. Begleitet wurde dieser Chor von Apostel Duncan Mfune, Apostel Barrington Sianga und den Bezirksevangelisten Peter Mwamba und Frank Mwape. Auf dem Weg zum Altar wandte sich Bezirksapostel Engelauf kurz zu mir und sagte: „*Wenn ich einen der sambischen Brüder zum Mitdienen rufe, kannst du dann übersetzen.*" Zuvor hatte ich mit diesen Brüdern kaum ein paar Worte gewechselt.

Apostel Sianga diente recht lange mit und erzählte eine Geschichte nach der anderen. Ich übersetzte ebenfalls recht lange. Bei Geschichten ist das ja oft nicht so schwierig. Wenn man einmal weiss, wohin sich die Geschichte entwickelt, hat man meist gewonnen. Weiss man dies aber nicht, so entstehen Probleme – und diese hatte ich plötzlich reichlich! Die letzte Geschichte begann mit den Worten: „*A king had a fist.*" Eine „fist" ist eine Faust! Das erschien mir aber wenig sinnvoll; es hätte ja vielleicht auch eine Krankheit sein können. Ich musste mich in einer Sekunde entscheiden und übersetzte: „*Ein König hatte eine Krankheit*". Der zweite Satz folgte: „*He gave the fist for his son*".

Ich kam in Schwierigkeiten und hatte keine Ahnung, wie die Sache enden würde. Um im Kontext zu bleiben habe ich übersetzt: *„Mit dieser Krankheit steckte er seinen Sohn an“.* Der dritte Satz brachte die Erleuchtung: *„For this wedding feast he invited a lot of people”.* Schlagartig wurde mit klar, es war keine “fist”, sondern ein “feast”, also ein Fest. Ich war gerettet und übersetzte erleichtert den dritten Satz: *„Als sie beide wieder gesund waren, heiratete der Sohn.“*

Am Nachmittag desselben Jugendtages hatte Bezirksapostel Engelauf, der für neue Ideen berühmt war, eine solche bereit. Er rief Bezirksevangelist Mwape an den Altar und bat diesen, in seiner Muttersprache Bembe zu dienen. Apostel Sianga sollte dann aus Bembe in Englisch übersetzen, und ich von Englisch in Deutsch. Es gibt noch Fotos von diesem „Dreigestirn“ am Altar! Die ersten Sätze sind in der Regel immer einfach und ähnlich wie: *„Liebe Jugend, seit langem freue ich mich auf diesen Tag“*, und *„Wir sind alle selig geworden…“* Dann kam im Englischen ein Satz, der so ungefähr bedeutete, dass ein König ins Kaufhaus ging, um Kleider zu kaufen. Dann der nächste Satz in Bembe/Englisch, der aber mit dem ersten Satz nicht allzu viel zu tun hatte. Ich habe also erst mal den König im Kaufhaus gelassen, und gewartet, wie es weiter ging. Der dritte Satz war erneut zusammenhanglos. Ich liess also den König Kleider kaufen, damit dieser aussah wie alle anderen. . Wie es dann weiterging, weiss ich nicht mehr so ganz genau, ausser dass nichts zusammenpasste und ich dachte: Halte einfach deine eigene

Predigt und lass die beiden anderen erzählen, was sie wollen! Alles ging gut. Am Abend standen Apostel Sianga und ich gemeinsam für Augenblicke zusammen. Ich meinte: *„Das war ja schön heute Nachmittag!"* was dieser bestätigte. *„Frank Mwape hat auch schön mitgedient!"* Er nickte wieder. Meine nächste Frage: *„Nur, was er genau gesagt hat, das habe ich im Englischen nicht verstanden!"* Er wandte sich ganz vertraut zu mir und meinte: *„Das begreife ich sehr gut; ich habe nämlich auch nichts verstanden, weil ich diese Sprache gar nicht spreche!"* Also: Letztlich standen drei Brüder am Altar, und jeder hat seine eigene Predigt gehalten! Ob doch alle selig wurden?

Nun zu einem Angolaner, der urplötzlich in Deutschland auftauchte und an einem Gottesdienst teilnahm. Dieser wurde zuvor in seiner Heimat von marxistischem Gedankengut derart indoktriniert, so zum Beispiel, dass Deutschland infolge Ausbeutung durch den Kapitalismus nur noch eine „graue Wüste" sei, in der kein Grün mehr war und so weiter. Wie staunte dieser Mann, als er die Wirklichkeit sah! Bezirksapostel Engelauf fragte nun vor dem Gottesdienst, wer wohl diesen Bruder übersetzen würde. Da ich „meine" lieben Angolaner kenne, habe ich vorgeschlagen, dass ich dies selbst machen würde. Also begann der liebe Priester am Altar damit, wie sehr er sich freue, in Deutschland zu sein und die Entwicklung und die vielen Geschäfte und die grossartige Industrie kennenzulernen. Alles hätte ihn unglaublich beeindruckt. Ich habe in der

Übersetzung auf die schönen Landschaften hingewiesen und vor allem auf die Schönheit des Werkes Gottes. *„Und das allertollste“,* so fuhr er fort und hob dabei drei Finger in die Höhe: *„Drei Fernsehprogramme kann man in Deutschland empfangen!“* Ich übersetzte: *„Drei Gottesdienste finden pro Woche statt!“* Schliesslich beendete er sein Mitdienen, seinen Daumen ganz nach oben haltend, dass in Angola gerade mal ein Programm zu empfangen wäre. Klar, dass ich darauf hingewiesen habe, dass es in Angola momentan nur einen Gottesdienst pro Woche gäbe. Ich war sehr dankbar, dass es in jener Gemeinde nur einen einzigen weiteren Bruder gab, der portugiesisch verstand!

Offene Fragen

Offene Fragen? – Selbstverständlich gibt es viele offene Fragen. Auch für mich! Aber ich weiss, es kommt die Zeit, wo wir IHN nichts mehr fragen werden! Einmal wird alles klar sein. Hinzu kommt noch die Erkenntnis von Ernst Streckeisen: *„Es geht kein Ungeprüfter ins Reich Gottes!“*

Man kann auch in der Neuapostolischen Kirche beim besten Willen nicht alle praktizierten Segnungen und Handlungen von heute biblisch belegen und beweisen. Wie denn zum Beispiel die Erstkommunion oder Konfirmation? Wie eine gewachsene Ämterhierarchie? Gott selbst lässt sich ja auch nicht effektiv „beweisen“, er lässt sich aber mannigfach erfahren, erleben, fühlen, ja sehen! Sogar heute in einer rationalen und nüchtern denkenden Welt. Auch der glühende Atheist muss glauben und hoffen, dass seine Theorie wahr sein könnte. Beweise „für seinen Glauben“ hat auch er letztlich nicht.

Wie will man die göttliche Trinität mit menschlicher Logik erklären? Drei sind eins und doch drei? Das wird der Christenheit von vielen als unlogisch vorgeworfen. Diese Lehre habe sich zudem auch erst in den ersten Jahrhunderten durchgesetzt. Nehmen wir doch ein einfaches Beispiel: Das Wasser! Der chemisch identische Stoff kann sich als Eisklotz, als Flüssigkeit oder als Dampf zeigen…

Die römischkatholische Kirche hatte zweitausend Jahre Zeit und viele kluge Köpfe dazu, um Fragen zu erörtern. Und doch heisst es heute noch in gewissen Dingen: *„Es ist zu glauben, dass….“;* oder *„Geheimnis des Glaubens!“* Wo das Wissen nicht weiter kommt, da sollte der Glaube einsetzen. Jede beantwortete Frage bringt weitere Zusatzfragen.

Auch Wissenschaft und Glaube müssen sich nicht bekämpfen. Sie können, ja sollen einander ergänzen. Ich denke, mit der Verlautbarung unserer Kirche zu Schöpfungsgeschichte und Evolution ist uns dies befriedigend gelungen.

Mission heute

Darf man heute noch missionieren? Oder ist das gleichbedeutend mit „anderen die Schäfchen stehlen“? In einigen Weltreligionen ist der Übertritt in eine andere Religion verboten und unter schwere Strafe gestellt. Die Betroffenen müssen da und dort gar um ihr Leben fürchten. Dies hindert Millionen von Menschen, die verachtet, geächtet und ausgeschlossen, ohne Arzt, ohne Medizin, ohne Liebe, ohne Gerechtigkeit leben müssen, interessanterweise nicht daran, Gott zu suchen.

Manche Kirchenfürsten christlicher Bekenntnisse in Mitteleuropa möchten, dass sich die verschiedenen Konfessionen keine Mitglieder abwerben.

Dagegen gibt es an sich nichts einzuwenden. Wenn aber jemand mehr sucht, als er bisher in seinem Bekenntnis findet, soll er dies dann dann nicht dürfen? Der Missionsauftrag Jesu Christi *„Gehet hin in alle Welt“* (vgl. Matthäus 28, 19.20) wiederum erlaubt, ja fordert von jedem Christen, seinen Glauben in seiner Umwelt zu bekennen. Dass ein gläubiger Christ bei seinem Werben für Christus sein Bekenntnis bekennt, scheint mir nur logisch zu sein.

In Afrika entdeckten wir viele Herden ohne Hirten, hungernd nicht nur nach Maniok und Brot, sondern nach dem Wort Gottes. Ihre Seelsorger waren verstorben oder abgereist in die Nähe der Zentren, wo mehr Einfluss vorhanden sein konnte. Sie kamen zu uns nicht wegen einem freundlichen weissen Mann, nicht geködert mit einem Dollarschein, nein: sie kamen aus Hunger nach dem Sinn des Lebens kamen sie.

Es blieben nicht alle, aber viele! Ich denke nicht, dass man da sagen kann, es seien „Schäfchen gestohlen worden? Eher doch wohl geholfen. Und solche Seelen gibt es sogar vor unserer eigenen Haustüre. Nur spricht man bei uns nicht mehr so gern darüber. Religion ist Privatsache geworden, und niemand breitet in dieser Hinsicht mehr gerne sein Inneres aus.

Auch heute noch ist Wachstumspotential für dass Evangelium vorhanden. Ich fand ein paar Leitsätze in einer Broschüre mit dem Titel: „Jesus Christus, oder Buddha, Mohammed, Hinduismus?"[10]

1. Hinter Jesus Christus stehen erfüllte Prophezeiungen, hinter den Religionsstiftern keine einzige.
2. Der Unterschied zwischen Buddha, Mohammed, Hinduismus und Jesus Christus ist der Unterschied zwischen Religion und Evangelium.
3. Religion ist der Weg von unten nach oben. Evangelium ist der Weg von Gott zu dem Menschen.
4. Buddha bekannte am Ende seines Lebens: Ich suche noch immer nach Wahrheit. Jesus aber hat gesagt: Ich bin die Wahrheit.

Zum Schluss will ich dazu sagen: Jesus ist als Einziger auferstanden und gen Himmel gefahren. Die Verheissung seiner Wiederkunft möge darum in unseren Herzen brennen. In der Länge liegt die Last, gewiss. Aber der Geist und die Braut sprechen: Komm! So sagt es uns Apostel Johannes in der Offenbarung im Auftrag des Herrn.

Unser Verhältnis zu den Mitchristen, auch zu anderen Religionen, stelle ich nochmals unter das Wort von Gottfried Keller, dem alten Stadtschreiber von Zürich, der nur wenige Schritte von mei-

---

[10] Gerhard Bergmann: „Jesus Christus oder Buddha, Mohammed, Hinduismus?", Schriftenmission, 1969.

ner heutigen Heimatkirchgemeinde Zürich-Hottingen wohnte: *„Achte jedes Mannes Vaterland, aber das deinige liebe!“*

Und hier gleich noch ein weiteres bekanntes Zitat aus den Werken dieses zur Weltliteratur zählenden Schriftstellers:

„Lasst uns am Alten, so es gut ist, halten!

Und lasst uns auf altem Grund neues bauen jede Stund'!“

In der Kirchenbank

„Was empfindet ein Ruheständler in der Kirchenbank?“ – Immer wieder werde ich das gefragt. Nun, unsere Gesellschaft ist heute mit (schlechten) Neuigkeiten total überfüttert. Die persönliche Selbstverwirklichung wird grossgeschrieben, es ist modern, alle Institutionen anzugreifen. Der dazu verwendete Tonfall hätte die Menschen noch vor wenigen Jahren zutiefst geschockt. In einem solchen Umfeld „durch einfache Predigt“ Akzeptanz, Aufmerksamkeit oder gar Begeisterung zu schaffen, wird zugegebenermassen schwieriger.

Dem Wirken des Heiligen Geistes sollte dies trotzdem gelingen. Aber die, durch welche der Heilige Geist wirkt, sind auch nur Menschen. Sollte uns dies nicht sympathisch sein? Es scheint aber interessanter zu sein, negative Stimmung zu verbreiten.

Für die Predigt gilt wohl heute wie nie zuvor: Kurz, prägnant, inhaltsreich, und vor allem: Die Menschen sollen aus ihrem Umfeld abgeholt werden. Und das ist eine „Kunst“, die nur wenige beherrschen. Gelingt es nicht, den Zuhörer mit den ersten zwei oder drei Sätzen so „zu fesseln“, dass er „mitgeht“, kann man eigentlich gleich „Amen“ sagen.

Wenn ich heute zurückblicke, diente auch ich früher viel zu lange und lebte geradezu von Wiederholungen. Gewiss, mit Wiederholungen will und kann man sicherstellen, dass der Hörer mit zwei oder drei Kerngedanken nach Hause geht. Erst seit ich selbst im Ruhestand bin, kann ich nachvollziehen, was Apostel Weinmann aus Hamburg sagte, nachdem er einige Jahre im Ruhestand lebte: *„Ich wusste gar nicht, dass die Kirchenbänke so hart und die Predigten so lang sind!“*

Eine Predigt war und ist meiner Meinung nach immer dann gut, wenn die Gottesdienstbesucher nach dem *„Amen“* des Dienenden *„Schade!“* und nicht *„Endlich!“* denken.

Dazu einige Zitate aus verschiedenen Quellen:

„In dir muss brennen, was du in anderen entzünden willst:“ (Augustinus, 354-430)

„Eines guten Redners Amt oder Zeichen ist, dass er aufhöre, wenn man ihn am liebsten höret.“ (Martin Luther, 1483-1546)

„Eine gute Rede soll das Thema erschöpfen, nicht die Zuhörer.“ (Winston Churchill, 1874-1965)

Dennoch sei hier einmal deutlich festgehalten: Die Predigten in der Neuapostolischen Kirche fallen im interkonfessionellen Vergleich bezüglich Rhetorik und Inhalt keineswegs ab.

Als Kirchendiener habe ich während dreissig Jahren stets vor „vollem Haus“ gepredigt, gleichgültig ob in einer Kapelle mit hundert Plätzen oder in einer Halle, in der Platz für 10'000 Menschen war. Heute sitze auch ich in „meiner“ Gemeinde und die Kirche ist meist nur halb gefüllt. So erlebe ich die Realität mit. Aber diese „Realität“ ist in einem nahezu postchristlichen Europa überall festzustellen. Vergleiche mit anderen trösten ja nicht eigentlich. Ich will aber hier doch kurz anführen, dass in der Kirche in Zürich, in der der Reformator Zwingli dreimal am Sonntag vor vollem Haus predigte, heute manchmal kaum mehr als 20 Menschen den Gottesdienst besuchen. Wohlverstanden – dies ist für mich kein tröstender Vergleich. Vergessen wollen wir aber nie, dass Jesus Christus vorausgesagt hat, dass die Gleichgültigkeit, die Lauheit, die Oberflächlichkeit, die Trägheit, die Lieblosigkeit und die Müdigkeit als „Totengräber“ des Glaubens vor seinem verheissenen Wiederkommen zunehmen werden.

Mich stimmt auch folgende Geschichte nachdenklich: Vor vielen Jahren sei ein gläubiger Moslem ins Abendland, also nach Europa, gereist, um das Christentum zu erforschen. Einige Zeit darauf soll er den Satz geprägt haben: *„Die Christen müssten erlöster aussehen, dass ich an ihren Erlöser glauben kann!“*

Warum erwähne ich dies? Ich erinnere mich noch an frühere Zeiten, als wir aus schlichten und ärmlichen Mietlokalen nach dem Gottesdienst noch etwas zusammen plauderten. Nachbarn beobachteten uns und meinten: *„Ihr kommt aber anders heraus, als ihr hineingegangen seid!“* Ich glaube, hier hat sich etwas geändert. Warum wohl? Man ist einfach übersättigt mit tausend Dingen, dass Wort und Gnade manchmal zu wenig Wirkung zeigen! Ich will bei mir selbst beginnen!

Ein „Zungenbrecher“ in deutscher Sprache sagt:

Wenn mancher Mann wüsste,
wer mancher Mann wär,
tät mancher Mann manchem Mann
manchmal mehr Ehr’!

Viele „weiden“ sich heutzutage geradezu mal auch an etwas ungeschickten Aussagen von Amtsträgern auf vielen Ebenen. Nicht vergessen sein soll aber, dass durch all die Jahrzehnte hindurch so manch grossartiges Wort aus deren Munde kam und heute noch kommt, das ich nur als Inspiration durch den Heiligen Geist erklären kann.

Nur Mut

Zum Abschluss dieser Betrachtungen halte ich nochmals ausdrücklich fest: überall, wo Menschen zusammen kommen und zusammen sind, treten Unvollkommenheiten zutage. Auch ich kenne manche in unseren Reihen, denen – selbst von Exponenten der Kirche – Unrecht widerfahren ist. Das schmerzt, das führt zu Enttäuschungen. Geschehenes Unrecht kann aber leider nur in den seltensten Fällen wieder gut gemacht werden. Selbst in unseren mitteleuropäischen Rechtssystemen wird selten „Recht“ gesprochen – man sucht am liebsten den „Vergleich“. In der heutigen Phase der Reichsgottesgeschichte heisst das grosse Wort eben nicht „Gerechtigkeit“, sondern „Gnade“. Ich denke, auf Gnade ist jede(r) angewiesen. Und wer seine Hoffnung ganz auf die Gnade wirft (siehe 1. Petrus 1, 13), der wird den inneren Frieden, die innere Ruhe finden können. Selbst wenn er dafür lange braucht.

Allen, die aus einer Enttäuschung heraus keine innere Ruhe finden, weil ihnen zu Unrecht Böses zugefügt wurde, möchte ich zurufen: *„Warum kämpfst du denn immer noch wie Don Quichote gegen Windmühlen? Warum versuchst Du nicht, einen Schlussstrich zu ziehen?*

Daneben gilt auch: Wer alles besser wissen will, sollte zuvor *alles* wissen! Das aber ist keinem von uns möglich.

Darum möchte ich jeder Leserin, jedem Leser weiterhin Mut machen: Komm und siehe, wie sich manches entwickelt und ändert! Und ärgere dich bitte nicht bei der ersten passenden oder auch unpassenden Gelegenheit! Nimm dies als einen Rat von von einem, der nicht neuapostolisch blieb und bleiben will, weil er mal Stammapostel werden sollte, sondern weil er selig werden und das Ziel des Glaubens erreichen will.

Den Schwestern und Brüdern meiner Altersklasse rate ich noch zusätzlich: Älter werden ist nicht immer von der goldenen Abendsonne begleitet. Jung im Geist bleibt aber, wer für die Zukunft noch Pläne hat. Schon Martin Luther sagte:

„Wenn morgen die Welt untergeht, so würde ich heute noch ein Apfelbäumchen pflanzen!“ Dabei soll es aber auch beim „Maranatha“ – „Unser Herr kommt“ und „Unser Herr, komm!“ bleiben. Es braucht beides, und alles soll sich die Waage halten.

Jeder, das gilt auch für mich, möge in Zukunft doch noch etwas selbstkritischer werden. Dies dient allen! Kaum habe ich dieses Manuskript an einem christlichen Feiertag zu Ende gebracht, als ich eine interessante und repräsentative Umfrage unter Jugendlichen der Schweiz las. Von drei jungen Menschen glauben zwei (wieder) an Gott oder zumindest an eine höhere Macht. Aber wenige identifizieren sich mit der Institution Kirche. Warum wohl? Es liegt – und dies sei hier zum wiederholten Mal gesagt – in der menschlichen Natur, hohen Ansprüchen nicht immer zu genügen und oft einfach zu versagen. Und doch sagte der zwölfjährige Jesus Christus im Tempel zu denen, die ihn suchten: *„Wisst ihr nicht, dass ich sein muss in dem, was meines Vaters ist?“* (Lukas 2, 49)

Also, ohne Tempel, Kirche, heiliger oder geheiligter Ort, ohne Altar, geht es eben doch nicht. Denn niemand kann sich selbst erlösen, auch wenn er sich noch so anstrengen sollte! Das Evangelium beinhaltet auch nicht, dass Einzelgänger den Weg suchen und gehen, sondern es wird schon von den ersten Christen überliefert, dass sie beständig blieben in der Gemeinschaft, im Brotbrechen, im Gebet, ja selbst in der Lehre der Apostel.

In der Menschheitsgeschichte wurden oft Götter vermenschlicht und Menschen vergöttert. Die einzige richtige und wahre Lösung für die Probleme des Menschseins aber liegt in Jesus Christus: Gott wurde Mensch zu unserer Erlösung! Und durch die Erlösung können Menschen wieder gottähnlich werden. So „einfach“ ist dies eigentlich.

Gott, der Vater sprach einmal das erste Wort: „ES WERDE!“

Jesus Christus sprach am Kreuz: „ES IST VOLLBRACHT“!

Gott spricht auch einmal das letzte Wort: „ES IST GESCHEHEN!“

Und dann werden alle anderen Stimmen verstummen! Dass der Augenblick der Wiederkunft Christi bald kommen möge, das ist und bleibt mein tägliches Gebet. Ich freue mich über jede und jeden, die diese Bitte auch in ihren täglichen Gebeten vor Gott bringen. Sie wird von Gott mit Sicherheit zur rechten Zeit erhört werden.

Die Neuapostolische Kirche – was ist das?[11]

Die Neuapostolische Kirche ist 1863 aus der Katholisch-Apostolischen Gemeinde entstanden und wird seither – nach dem Vorbild der ersten Christengemeinden – von Aposteln geführt. Sie ist weltweit verbreitet. Grundlage ihrer Lehre ist die Heilige Schrift[12]. Im Zentrum der Lehre steht Jesus Christus, getreu dem Wort: *„einer ist euer Meister...einer ist euer Lehrer: Christus"* (Matthäus 23, 8.10). Neuapostolische Christen folgen Jesus Christus nach, indem sie sich ernsthaft an seinem Leben und Wesen orientieren. Die Nachfolge Christi findet ihren konkreten Ausdruck darin, dass die neuapostolischen Christen den heute wirkenden Aposteln und den von diesen ordinierten Amtsträgern nachfolgen. Die Notwendigkeit der Nachfolge Christi in den Aposteln sehen sie durch die Worte Jesu gegeben: *„Wie du mich gesandt hast in die Welt, so sende ich sie auch in die Welt"* (Johannes 17, 18) und *„Wer*

---

11 Diese Hinweise sind dem lesenswerten Buch von Jürg Meier: „Brennpunkte", Norderstedt: Books on Demand, 2010 mit freundlicher Genehmigung entnommen.

12 Im deutschsprachigen Raum wird die Lutherbibel 1984 verwendet.

euch aufnimmt, der nimmt mich auf; und wer mich aufnimmt, der nimmt den auf, der mich gesandt hat“ (Matthäus 10, 40).

Die Neuapostolische Kirche kennt drei Sakramente: Die Heilige Wassertaufe, die Heilige Versiegelung und das Heilige Abendmahl. Die Wassertaufe ist die erste und grundlegende Gnadenmitteilung des dreieinigen Gottes an den Menschen, der an Christus glaubt. Bei der Heiligen Versiegelung wird der Gläubige mit der Gabe des Heiligen Geistes erfüllt. Dies geschieht durch Gebet und Handauflegung eines Apostels. Im Heiligen Abendmahl, das in jedem Gottesdienst gefeiert wird, werden Leib und Blut Christi gereicht.

Das Wiederkommen Christi, um seine Brautgemeinde zu sich heimzuholen, ist ein zentraler Bestandteil der neuapostolischen Glaubenslehre. Daneben sind Missionstätigkeit und Nächstenliebe wesentliche Inhalte.

Die Neuapostolische Kirche legt Wert auf das eigenverantwortliche Handeln ihrer Mitglieder. Der Einzelne ist Gott gegenüber für sein Verhalten verantwortlich. Klare Orientierung bieten das Evangelium Christi und die Werteordnung, die sich aus den Zehn Geboten ergibt.

Die Neuapostolische Kirche verhält sich politisch neutral und unabhängig.

Vision – Mission - Selbstbild

Vision (Was wollen wir sein?)

Eine Kirche, in der sich Menschen wohlfühlen und vom Heiligen Geist und der Liebe zu Gott erfüllt, ihr Leben nach dem Evangelium Jesu Christi ausrichten und sich so auf sein Wiederkommen und das ewige Leben vorbereiten.

Mission (Was wollen wir erreichen?)

Zu allen Menschen hingehen, um sie mit Wasser und dem Heiligen Geist zu taufen und mit dem Evangelium Jesu Christi bekannt zu machen.

Seelsorge ausüben und eine herzliche Gemeinschaft pflegen, in der jeder die Liebe Gottes und die Freude erlebt, Ihm und anderen zu dienen.

Selbstbild (Was ist unsere Überzeugung?)

Der von Jesus Christus gelegte Weg zum Heil in unserer Zeit

1. Die Neuapostolische Kirche wird von Jesus Christus durch lebende Apostel geleitet. Ihre Lehre basiert auf der Heiligen Schrift.
2. Das Apostelamt ist das von Jesus Christus bevollmächtigte Amt zur Heilsvermittlung.

3. Apostel sind unerlässlich, um seine Kirche auf die von ihm verheissene Wiederkunft vorzubereiten.
4. Die Neuapostolische Kirche kennt die drei Sakramente Heilige Wassertaufe, Heilige Versiegelung und Heiliges Abendmahl.
5. Die Spendung der Sakramente Heilige Versiegelung und Heiliges Abendmahl sowie die Vergebung der Sünden sind an das Apostelamt gebunden.
6. Neuapostolische Christen haben durch die Heilige Versiegelung die Gabe des Heiligen Geistes empfangen.
7. Jesus Christus, von dem die Heilige Schrift zeugt, steht im Mittelpunkt des Glaubenslebens der neuapostolischen Christen. Er wirkt heute in seiner Kirche und wird wiederkommen. Das Glaubensziel der neuapostolischen Christen ist, mit Christus bei seiner Wiederkunft vereint zu werden.

Entschlafenenwesen

Aus der Überzeugung heraus, dass Gott allen Menschen aus allen Zeiten helfen will (vgl. 1. Timotheus 2, 4) finden drei Mal jährlich - jeweils am 1. Sonntag im März, Juli und November – „Gottesdienste für Entschlafene“ statt. In diesen

Gottesdiensten können nach der neuapostolischen Glaubensüberzeugung auch Verstorbene die Sakramente empfangen. Die Amtshandlungen werden durch Apostel stellvertretend an jeweils zwei Amtsträgern – der „Amtskrippe“ – vollzogen. Die Lehre von der Heilsnotwendigkeit der Sakramente auch für verstorbene Menschen wird mit der Aussage des Apostels Paulus begründet: *„Was soll es sonst, dass sich einige für die Toten taufen lassen? Wenn die Toten gar nicht auferstehen, was lassen sie sich dann für sie taufen?“* (1. Korinther 15, 29).[13]

Organisation

Kirchenpräsident der Neuapostolischen Kirche International ist seit Pfingsten 2005 Dr. Wilhelm Leber. Als Stammapostel leitet er die Kirche von ihrem Hauptsitz in Zürich aus. Er ist der achte Stammapostel seit Gründung der Kirche. Seine Stellung ist derjenigen vergleichbar, die Petrus vor 2‘000 Jahren im Kreis der Apostel innehatte.

Die engsten Mitarbeiter des Stammapostels sind die Bezirksapostel. Sie leiten die jeweiligen Gebietskirchen. Weitere Apostel sind ihnen zur Seite gestellt. Gemeinsam mit dem Stammapostel sor-

---

[13] Detaillierte Hinweise zum Entschlafenenwesen findet man in der Broschüre „Der Jenseitsglaube der neuapostolischen Christen“, (Hrsg. NAK International), Frankfurt: Bischoff, 2005, 60 Seiten.

gen sie für die weltweite Einheit der Glaubenslehre und der Seelsorge.

Der Stammapostel und die Bezirksapostel kommen regelmässig zusammen, um Kirchenangelegenheiten von internationaler Bedeutung zu beraten. In grösseren Abständen finden internationale Apostelversammlungen statt.

Bei der Erfüllung regionaler Aufgaben helfen den Aposteln Bischöfe, Bezirksälteste und Bezirksevangelisten. Das Zentrum des kirchlichen Lebens sind die einzelnen Gemeinden. Mit ihrer Leitung beauftragen die Apostel Hirten, Evangelisten oder Priester. Die Gemeindevorsteher werden von weiteren Priestern sowie Diakonen unterstützt.

Von wenigen Ausnahmen abgesehen (viele Apostel und Bischöfe, in Missionsgebieten auch manche Bezirksvorsteher) üben alle Amtsträger ihren Amtsauftrag ehrenamtlich und unentgeltlich aus.

Die verschiedenen Funktionen im Gemeindeleben (z.B. Kirchenreinigung, Konfirmanden- und Religionsunterricht, Sonntagsschule, Mitwirken im Gemeindechor als Dirigentinnen, Dirigenten, Sängerinnen, Sänger, Organistinnen, Organisten, usw.) werden von Mitgliedern freiwillig, ehrenamtlich und unentgeltlich wahrgenommen.

Weltweit bekennen sich mehr als 10 Millionen Menschen zum neuapostolischen Glauben.

Die Möglichkeit aus der Neuapostolischen Kirche auszutreten ist jedem Mitglied jederzeit gegeben.

Die Neuapostolische Kirche finanziert sich aus freiwilligen Opfern ihrer Mitglieder. Über die Höhe der finanziellen Spenden macht die Kirche ihren Mitgliedern keine Vorschriften. Biblischen Hinweisen zufolge wird den Gläubigen als Massstab der "zehnte Teil" empfohlen (vgl. 4. Mose18, 24; Maleachi 3, 10; Matthäus 23, 23). Die Mitglieder legen ihre Geldopfer unbeaufsichtigt und unbeobachtet in die Opferkasten ihrer Kirchgemeinde. Dabei opfern sie sowohl in Bezug auf die Höhe als auch die Kadenz ihrer Geldbeiträge nach persönlichem Gutdünken. In jüngerer Zeit nimmt die Überweisung der freiwilligen Geldopfer über den bargeldlosen Zahlungsverkehr direkt an die Kirchenverwaltungen zu.

Die Erfassung und Buchführung über die Eingänge der freiwilligen Mitgliederbeiträge vor Ort und die Ausgaben in den einzelnen Kirchgemeinden geschieht heute weitgehend elektronisch. Das Vieraugenprinzip ist permanent gewahrt.

Die Rechnungsführung erfolgt beispielsweise in der Schweiz über die Finanzabteilung in der Verwaltung der Neuapostolischen Kirche

Schweiz, Zürich nach SWISS GAAP[14] FER 21 (**F**ach**E**mpfehlungen zur **R**echnungslegung) *"Rechnungslegung für gemeinnützige, soziale Nonprofit-Organisationen"*. Die Jahresrechnung wird durch ein anerkanntes Wirtschaftsprüfungsunternehmung überprüft und durch die Delegiertenversammlung der Neuapostolischen Kirche Schweiz abgenommen. Jedes Mitglied der Neuapostolischen Kirche Schweiz hat über den Delegierten seines Kirchenbezirks jederzeit die Möglichkeit zur Einsichtnahme in die Jahresrechnung.

Jeder interessierte Leser ist unabhängig von seiner Herkunft, von seiner Religions- und Staatszugehörigkeit und seinem sozialen Status jederzeit herzlich eingeladen, die Gottesdienste in der Neuapostolischen Kirche unverbindlich zu besuchen und die neuapostolische Glaubenslehre zu prüfen. Auf der Internet-Website www.nak.org der Neuapostolischen Kirche International befinden sich neben wissenswerten Informationen auf der Seite „NAK weltweit“ die Links zu den verschiedenen Gebietskirchen. Dort sind auch die Standorte und die Gottesdienstzeiten der einzelnen Kirchgemeinden zu finden.

---

14 **G**enerally **A**ccepted **A**counting **P**rinciples = Allgemein anerkannte Rechnungslegungsgrundsätze